SUMÁRIO

CONHECER E APRECIAR O VINHO

O vinho e os terroirs 4
As cepas 6
As diferentes vinificações 8
Sem rolha e sem garrafa, nada de guarda! 10
A mutação do vinho 12
O que é um vinho de guarda? 14
Identificando o vinho 16
Onde comprar 18
Compondo a adega 20
Instalando a adega 22
Organizando a adega 24
As famílias de vinhos 26
Escolhendo um bom vinho 28
Valorizando o vinho 30
Servindo o vinho 32
Degustando o vinho 34

ORGANIZAR E ADMINISTRAR A ADEGA

Inventário da adega e cartões destacáveis 37
Fichas de adega 69
Etiquetas de adega 185

O VINHO E OS TERROIRS

O VINHO TIRA SUA NOBREZA DO TERROIR, QUE O VIU NASCER. AS AÇÕES CONJUGADAS DA LUZ, DA TEMPERATURA E DA ÁGUA, ASSIM COMO DA TERRA, DETERMINAM SUA QUALIDADE E SUAS PARTICULARIDADES.

Videira de Tempranillo.

Solo do Château de Moncontour.

A NOÇÃO DE TERROIR

A noção bastante francesa de terroir engloba todos os elementos naturais e climáticos ligados a determinado terreno viticultor: o solo e o subsolo (granitos, calcários, etc.), evidentemente, mas também o relevo (encostas, planícies, etc.), a altitude, a exposição, o meio ambiente (proximidade de uma floresta, de um corpo de água, etc.) e o clima. É o conjunto de todos esses fatores naturais que compõe o terroir e confere a cada terra viticultora uma identidade única.

"A grandeza de expressão de um vinho é proveniente mais de seu terroir que de sua cepa e/ou safra. Não existe grande vinho sem um homem que, por seu conhecimento do terroir, saiba revelar toda a sua quintessência." *O. Poussier, melhor sommelier do mundo em 2000*

ALGUNS TERRENOS SÃO MAIS PROPÍCIOS QUE OUTROS

Os solos pobres, nos flancos de colinas, revelam-se os melhores terroirs, por beneficiarem-se de uma boa drenagem para evitar o excesso de água e de uma boa exposição solar, o que favorece o amadurecimento das bagas. A videira é uma das plantas menos exigentes que existem em elementos nutritivos e precisa, de alguma maneira, "sofrer" com a pobreza do solo para gerar um vinho de qualidade. É por essa razão que os melho-

res vinhos provêm, com frequência, de solos de cascalhos, seixos ou areia, mais nas encostas que nas planícies, e de áreas que recebam uma longa e progressiva insolação. As raízes, então, aprofundam-se, em busca de elementos nutritivos. À fertilidade dos solos une-se sua estrutura: os solos aerados e permeáveis aquecem-se rapidamente, favorecendo uma boa maturação dos grãos. Por outro lado, um solo excessivamente rico acarreta um rendimento também excessivo: o sumo derivado das uvas fica muito diluído, com aromas menos concentrados, permitindo apenas a produção de um vinho demasiadamente ordinário... Por fim, além do clima regional, que deve ser temperado, os microclimas impactam a videira de modo sutil porém determinante.

O TERROIR TEM UM GOSTO?

Reconhecida na França, a noção de terroir acarretou a delimitação das apelações de origem controlada, que hoje se estende para toda a União Europeia. Assim, o Château Petrus, do terroir do Pomerol, teria um gosto rico e concentrado por conta do ferro encontrado no subsolo; a opulência e a untuosidade do vinho do Château Cheval Blanc seriam decorrentes do solo de areia e cascalho que repousa sobre um subsolo argiloso (assim como de uma proporção elevada de Cabernet Franc em comparação com os outros vinhedos de Saint-Émilion); o solo castanho e calcário, fortemente argiloso e pouco espesso de La Tâche, Grand Cru da Borgonha, confere a seu vinho muita elegância e uma maior amplitude aromática em comparação com o austero Romanée-Conti.

A MESMA CEPA PODE RESULTAR EM VINHOS DIFERENTES DE ACORDO COM O SOLO NO QUAL CRESCE

Tomemos dois vinhedos que crescem sobre um terreno proveniente de rochas calcárias, em condições análogas de altitude e exposição solar. O primeiro se caracteriza por um solo seixoso, e o segundo, por uma elevada proporção de elementos argilosos finos. O primeiro resultará em vinhos muito frutados, relativamente leves e macios. O segundo, em vinhos muito mais tânicos e menos redondos.

AS CEPAS

EXISTEM MAIS DE 5 MIL CEPAS DIFERENTES NO MUNDO, AINDA QUE APENAS ALGUMAS DEZENAS SEJAM CULTIVADAS EM GRANDES EXTENSÕES DE TERRA. CADA UMA DESSAS VARIEDADES DE VIDEIRA POSSUI SUAS PRÓPRIAS CARACTERÍSTICAS, QUE INFLUENCIAM O CARÁTER DO VINHO PRODUZIDO.

O QUE É UMA CEPA?

A videira cultivada tem como ancestral longínquo a videira silvestre, planta selvagem que cresce nas florestas subindo ao redor das árvores. Uma de suas espécies domesticadas, *Vitis vinifera*, evoluiu e se diversificou em milhares de variantes, ou cepas, às quais damos diferentes nomes: Cabernet, Chardonnay, Pinot, Riesling, etc.

Essas cepas se diferenciam por suas características morfológicas (cor, forma e volume dos cachos e das bagas, recorte das folhas) e fisiológicas (floração, maturidade, sensibilidade a doenças, etc.). O vinhateiro escolhe uma cepa específica segundo critérios referentes às condições de cultivo (solo, clima, etc.), à qualidade do vinho buscado e ao terroir no qual está implantada. Cada cepa possui especificidades que conferem ao vinho seu caráter, de acordo com o teor de açúcar ou de taninos de seus grãos e a intensidade de seu aroma. As cepas são objeto de estudos constantes na busca por melhora da qualidade das uvas e da resistência da planta a doenças.

...obretudo na
...açúcar e em

...e 1880. As cepas
...enxertando-as nas
...americanas resistentes
...nente, todos os vinhedos do
...de plantas enxertadas, com
...oupados pela filoxera, e dos
...areia. Na França, o vinhedo
...aine abriga uma parcela de
...ntre 120 e 150 anos, portanto,
...riores à filoxera.

AS PRIN

• Ch

co
dota

Vide
Ch

QUANTAS CEPAS PARA UM VINHO?

Na França, é comum associar duas ou três cepas na composição de um vinho: uma pela cor e pelos taninos; outra, pela fineza e pelo buquê; e uma terceira, para assegurar a regularidade da produção. Dessa maneira, um Bordeaux tinto comporta uma proporção variável de Cabernet Sauvignon, de Cabernet Franc, de Merlot e de cepas secundárias, que conferem ao vinho nuanças diversas. Alguns, como o Châteauneuf--du-Pape, chegam a utilizar treze cepas! No entanto, alguns vinhos, que rece-

va destinada a um vinho licoroso ou
oelleux (termo utilizado na França para
esignar vinhos com nível médio de dulçor).

bem o nome de varie
nientes de uma cepa
a partir da Chardonn
apenas da Gamay; o
Chenin; o Sancerre, da Sa

CEPAS E

Ao longo do ten
foram se sobre
E, assim, na ma
peus, os tipos de vi
suas cepas consagrara
uma apelação de ori
na produção de um
a escolha da cepa é
rígidas especificações
seu papel na composição da bebida.

AS DIFERENTES VINIFICAÇÕES

OS VINHOS SE DIFERENCIAM PELO TIPO DE VINIFICAÇÃO (BRANCO, ROSADO OU TINTO), DETERMINADA PELA COR DA CASCA E DA POLPA DA UVA, E PELA DURAÇÃO DA MACERAÇÃO (CONTATO ENTRE O SUMO, OU MOSTO, E A CASCA E AS SEMENTES).

OS VINHOS FORTIFICADOS

Os vinhos fortificados são elaborados como os outros vinhos, com a diferença de que a eles acrescenta-se álcool na forma de aguardente, seja durante a fermentação, seja depois: a aguardente interrompe a ação das leveduras e detém a fermentação, de modo a preservar uma parte do açúcar das uvas. São vinhos fortificados os Jerezes, os Portos, os Madeiras da Península Ibérica, os vinhos doces naturais e os vinhos de licor franceses, assim como o Marsala da Sicília.

OS VINHOS BRANCOS

Resultam de uma vinificação em branco. Esta, como todas as vinificações, consiste na fermentação alcoólica do suco de uva. Tal vinificação é possível com uvas brancas que possuam polpa e casca incolores, ou com uvas tintas de polpa incolor. Neste caso, é importante que apenas o mosto seja conduzido à fermentação, sem que haja qualquer maceração, ou seja, nenhum contato com as partes sólidas do cacho.

OS VINHOS TINTOS

São obtidos a partir de uvas tintas, que podem ou não ter a polpa colorida. Como ocorre com os vinhos brancos, a vinificação consiste em transformar o mosto açucarado em álcool, mas a particularidade da vinificacão tinta está na maceração: a matéria corante, os taninos e os numerosos componentes aromáticos presentes nas partes sólidas da uva (casca, sementes) dissolvem-se no suco, conferindo ao vinho sua cor e seu caráter. Se é mais fácil fazer um vinho tinto que um branco, não se pode esquecer que a vinificação dos grandes vinhos tintos exige um cuidado extremo e muito talento.

O vinho rosado é uma mistura de vinho tinto e vinho branco?

Sim e não.

O corte é realmente autorizado em alguns países na elaboração de vinhos de mesa (como costuma acontecer nos países do Novo Mundo). Alguns países europeus procuraram liberar essa prática, mas a França e a Itália, defensoras dos métodos da sangria e da prensagem, obtiveram ganho de causa. Na França, o assemblage apenas é autorizado na Champagne, para elaborar cerca de 95% dos champagnes rosados. Esse método específico consiste em adicionar ao vinho branco, antes da segunda fermentação, uma porcentagem de vinho tinto da Champagne.

OS VINHOS ROSADOS

Aqui, a obtenção se dá por meio de uvas tintas de polpa incolor, o que pode ocorrer por meio de três métodos diferentes: por prensagem, que consiste em submeter o mosto de uvas suficientemente maduras e ricas em matéria corante às técnicas de vinificação em branco; sangria, em que se extrai o suco destinado à vinificação em tinto após algumas horas de maceração, para em seguida vinificá-lo segundo o princípio da vinificação em branco; e por assemblage, que consiste em cortar um vinho branco com um vinho tinto.

OS VINHOS EFERVESCENTES

A vinificação dos vinhos efervescentes sempre segue um mesmo princípio, que consiste em deixar o vinho fermentar numa garrafa fechada (ou, então, num tanque fechado), a fim de que o gás carbônico oriundo da fermentação não escape e dissolva-se no vinho. Existem dois grandes métodos: o ancestral, em que se engarrafa o vinho no decorrer da fermentação, e o champenoise, no qual se deixa o mosto fermentar num tanque para depois provocar uma segunda fermentação nas garrafas por meio da adição de açúcar e leveduras (licor de tiragem). Para a produção do champagne, utilizam-se uvas tintas e brancas, cultivadas numa área de apelação bem delimitada, com um rendimento máximo autorizado.

SEM ROLHA E SEM GARRAFA, NADA DE GUARDA!

COM O SURGIMENTO DA GARRAFA DE VIDRO E DA ROLHA DE CORTIÇA, NO FIM DO SÉCULO XVIII, TORNOU-SE POSSÍVEL CONSERVAR O VINHO EM NOSSAS CASAS. ANTERIORMENTE, O VINHO ENVELHECIA NOS TONÉIS DOS NEGOCIANTES OU NAS TAVERNAS.

AS GARRAFAS

Impossível falar do vinho sem mencionar sua inseparável companheira, a garrafa. Uma vez terminado o período de élevage, o vinho passa pelo engarrafamento, uma delicada operação que exige técnica. Em seu recipiente de vidro, ele deixará em seguida a adega do negociante para ser então oferecido ao consumidor.

EM CADA REGIÃO, UMA GARRAFA

- **A "bordalesa"**, reta e de ombros altos, é verde para vinhos tintos e vinhos brancos secos e semitransparente para os vinhos licorosos.
- **A "borgonha"**, de coloração dita de "folha morta", reina do vinhedo de Chablis às portas de Lyon, contendo grandes vinhos brancos e também

AS FORMAS DAS GARRAFAS

"Flûte" (flauta) do Reno e do Mosel

"Bordalesa"

"Borgonha"

"Clavelin", do Jura

"Provençal"

Garrafa de champagne

Dependendo da cor da garrafa, o vinho evolui mais ou menos rapidamente.

alguns Chardonnays e Pinot Noirs do Novo Mundo.

• **A "flûte" alta do Reno** é de vidro marrom; as do Mosel e da Alsácia, de coloração verde.

• **A "clavelin"**, de 620 ml, é utilizada para o vinho amarelo **do Jura**, e refere-se a quanto resta de 1 litro após seis anos de evaporação em tonel.

• **A garrafa dos champagnes** e dos espumantes é feita de vidro espesso, capaz de resistir à pressão do gás carbônico.

• **A "provençal"**, mais inusitada, é facilmente reconhecível.

AS ROLHAS

A escolha da rolha é uma tarefa muito técnica e de grande importância para a longevidade do vinho. Ainda que existam novos materiais, a cortiça domina a cadeia de produção.

PARA CADA VINHO, UMA ROLHA

Diferentes modelos de rolhas adaptam-se a diferentes vinhos. O diâmetro padrão é de 24 mm. A gravação se faz obrigatória apenas na rolha do champagne, cuja medida é de cerca de 31 mm.

• As rolhas longas, em cortiça de boa qualidade, podem proteger o vinho por várias décadas. Por segurança, os grandes domaines trocam a rolha dos vinhos de sua reserva a cada 25 anos.

• As rolhas curtas de cortiça são utilizadas em vinhos com uma duração de vida menos longa.

• As rolhas de aglomerado, feitas com fragmentos amalgamados de cortiça, servem para os vinhos simples e uma parte das rolhas de champagne.

• As rolhas sintéticas, de espuma plástica, coloridas ou imitando a cortiça, adaptam-se aos vinhos de média guarda, para os quais são cada vez mais utilizadas.

• As rolhas de champagne são feitas de cortiça aglomerada na qual são coladas de uma a três lâminas de cortiça pura, que ficam em contato com o champagne. É obrigatório que tragam gravadas a palavra "Champagne" e a safra, se houver espaço. Apenas a porção inserida na garrafa fica comprimida (por isso o formato de champignon).

• As tampas de rosca eliminam os riscos de poluição aromática pela cortiça e de oxidação prematura. Mas, se a ideia contou com a boa aceitação de alguns profissionais, ela não é unanimidade, principalmente por parte dos consumidores.

A MUTAÇÃO DO VINHO

O VINHO ENVELHECE E MUDA DE NATUREZA COM O TEMPO. CONHECER OS PRINCÍPIOS DESSA MUTAÇÃO PERMITE COMPREENDER MELHOR QUANDO ELE ATINGIRÁ SEU APOGEU, PARA BEBÊ-LO NO MOMENTO CERTO.

A MECHAGEM

A queima de enxofre permite a assepsia dos tonéis vazios.

Encher o tonel evita que o vinho se oxide em contato com o ar.

O ATESTO

DO ÉLEVAGE AO APOGEU: ITINERÁRIO DE UM VINHO BEM-CONSERVADO

O vinho é um líquido instável. A presença de oxigênio transforma o álcool em ácido acético, ou seja, em vinagre, devido à ação da bactéria *Acetobacter aceti*. Foi graças ao desenvolvimento de certas técnicas, como a fortificação (o acréscimo de álcool durante a fermentação), a sulfitação (adição de dióxido de enxofre para combater o desenvolvimento bacteriano) e o atesto (o acréscimo constante de vinho para encher o tonel, evitando que o líquido entre em contato com o ar), que a conservação do vinho se aprimorou pouco a pouco. Com o engarrafamento e a proteção da rolha de cortiça, o vinho inicia seu processo de envelhecimento até atingir seu apogeu.

O ENVELHECIMENTO DO VINHO

O oxigênio dissolvido no vinho continua a provocar lentas e complexas reações químicas dentro da garrafa. Os taninos, os componentes das cascas das uvas, os engaços (porções lenhosas do cacho) e a madeira dos tonéis se transformam, associam-se e vão para o fundo da garrafa. O vinho de um vermelho púrpura torna-se vermelho rubi, para em seguida clarear e assumir uma coloração vermelho tijolo. A acidez do fruto verde, adstringente, é amaciada. A agressividade do vinho jovem desaparece, dando lugar a uma maciez, uma suavidade, que se exprime por meio de aromas complexos. O apogeu de um vinho é o estado no qual seus diferentes aromas desabrocham e seus componentes estão em equilíbrio. Os vinhos bem-nascidos apuram-se durante uma lenta evolução, ao passo que outros são concebidos para serem bebidos em sua juventude. Atualmente, julga-se a qualidade de um grande vinho por sua capacidade de envelhecer.

A EVOLUÇÃO DO VINHO PODE SER DEGUSTADA!

Para saber o momento em que o vinho atinge seu apogeu, não basta se conduzir pelas indicações oferecidas pelo produtor ou negociante no momento da compra, uma vez que as condições de estocagem das garrafas, que variam de um lugar a outro, interferem em sua evolução. O melhor é abrir de tempos em tempos uma garrafa e degustar o vinho.

Primeur ou Grand Cru, todo vinho percorre o mesmo ciclo de vida na garrafa.

O QUE É UM VINHO DE GUARDA?

UM VINHO DE GUARDA É UM VINHO QUE LEVA TEMPO PARA ATINGIR SEU APOGEU, NELE PERMANECE POR BASTANTE TEMPO E POSTERIORMENTE DECLINA DE FORMA LENTA. CADA UM ENVELHECE A UM RITMO PRÓPRIO.

VINHO DE GUARDA, VINHO PREDESTINADO?

O potencial de guarda de um vinho depende sobretudo das cepas, da natureza e da idade das videiras, do terroir e das condições climáticas da safra, mas também é determinado por sua elaboração.

• **Para os vinhos tintos**, o enólogo deve obter uma boa extração dos taninos, a fim de conferir à bebida a estrutura necessária à capacidade de envelhecimento. O processo de élevage em barrica nova também exerce um papel que não pode ser negligenciado na capacidade de bom envelhecimento do vinho.

• **Para os vinhos brancos**, um bom nível de acidez é necessário. Em sua falta, o processo de élevage em barrica também contribui para a preparação de uma guarda de qualidade.

AS CEPAS QUE PODEM ENVELHECER

A natureza das cepas confere mais ou menos longevidade ao vinho.

• **Para os tintos:** a Cabernet Sauvignon, austera e franca, a Merlot, sedosa e potente, a Pinot Noir, firme e rica, mas também as Cabernet Cranc, Grenache, Mourvèdre, Syrah, Tannat, Petit Verdot, Carignan, a Tempranillo espanhola e a Nebbiolo e a Sangiovese italianas.

• **Para os brancos**: as Gewürztraminer, Riesling, Chardonnay, Grenache Blanc, Chenin Blanc, Sémillon e Muscadelle – as quatro últimas têm um envelhecimento excepcional quando vinificadas em vinhos licorosos.

O tempo médio de conservação dos vinhos

Se alguns vinhos devem ser bebidos jovens, outros precisam ser conservados durante alguns anos antes de serem degustados e apreciados em plena maturidade. Para cada vinho, esse período de tempo varia segundo a região vitícola e o tipo de vinho produzido, mas também de acordo com a qualidade da safra considerada. As safras podem receber notas de 1 a 10 (ver a tabela das safras na p. 36). Dessa forma, caso o vinho tenha sido produzido num bom ano (nota de 6 a 7/10), num grande ano (nota de 8 a 9/10) ou num ano excepcional (nota 10/10), seu tempo de conservação em adega poderá ser mais ou menos longo.

A SAFRA

A safra é um excelente indicador de guarda, e devemos sempre lembrar que, em safras difíceis, os melhores terroirs sempre produzirão os melhores vinhos. Contudo, atenção: a safra difere de uma região para outra. Um Bordeaux tinto de determinado ano pode ser melhor bebido jovem, enquanto um Borgonha do mesmo ano merecerá envelhecer em adega por alguns anos. Para conhecer a qualidade de uma safra e o potencial de guarda de um vinho ou de uma apelação, podemos consultar o produtor, um negociante ou um sommelier, ou ainda as publicações especializadas.

IDENTIFICANDO O VINHO

O RÓTULO DE UM VINHO É, DE CERTA MANEIRA, SUA CARTEIRA DE IDENTIDADE. ELA DEVE ESTIMULAR A COMPRA AO MESMO TEMPO QUE OFERECE INFORMAÇÕES QUE SE TORNARAM OBRIGATÓRIAS PELA LEGISLAÇÃO, ALÉM DE OUTRAS DE CARÁTER COMERCIAL E QUE SÃO FACULTATIVAS.

Alguns rótulos são itens de coleção.

AS INFORMAÇÕES OBRIGATÓRIAS

• **A denominação da categoria.** Na França, existem duas categorias de vinho: > vinhos sem indicação geográfica: vinhos de mesa cujos rótulos trazem apenas a menção "vin de France" (vinho da França) ou "vin de la Communauté européenne" (vinho da Comunidade Europeia); > vinhos com indicação geográfica: engloba os vins de pays (vinhos regionais), que se tornaram vinhos de Indicação Geográfica Protegida (IGP) em agosto de 2009, quando a presença da expressão "Vin de pays" no rótulo, seguida do nome da zona geográfica, tornou-se facultativa. Já as Apelações de Origem Protegida (AOP) são de presença obrigatória.

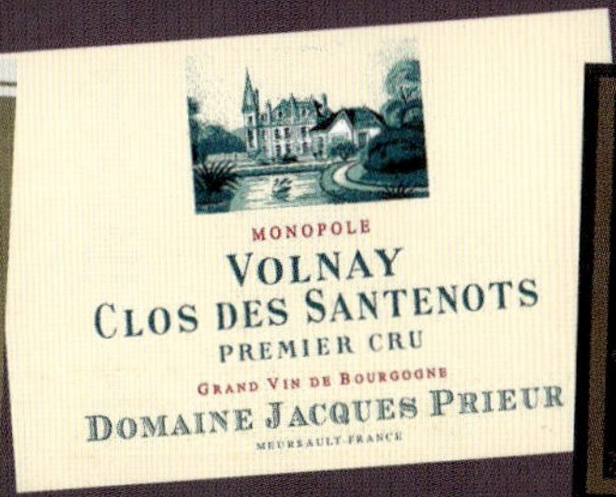

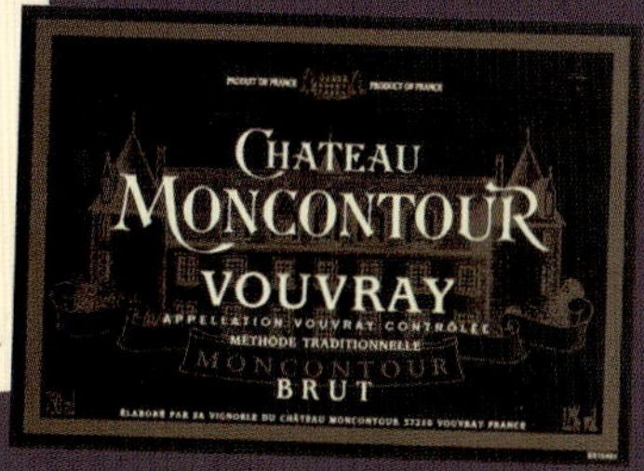

Punção com o emblema do Château Latour (Pauillac).

O CASO DOS VINHOS EFERVESCENTES

Em ordem crescente de efervescência, podemos distinguir os vinhos franceses em perlants, pétillants e mousseux (entre esses últimos, estão o champagne e os crémants). Os rótulos dos vinhos perlants e pétillants não seguem qualquer regulamentação especial. Já aos champagnes, que são por definição vinhos AOC, aplicam-se as menções obrigatórias descritas abaixo, além das seguintes:

A dosagem. É a concentração de açúcar do licor de expedição, acrescentado antes do engarrafamento definitivo, que dá aos vinhos um gosto mais ou menos doce: "doux" (mais de 50 g), "demi-sec" (entre 33 g e 50 g), "sec" (entre 17 g e 35 g), "extra-dry" (entre 12 g e 20 g), "brut" (menos de 15 g), "extra-brut" (menos de 6 g), "brut nature", "non dosé" ou "dosage zéro" (menos de 3 g).

O método de elaboração. O método tradicional, antigamente conhecido como champenoise; ou o método ancestral, também conhecido como método rural.

- **O nome e o endereço do engarrafador.** Nos vinhos franceses, as expressões "mis en bouteille à/de la propriété", ou "au/du domaine", ou "au/du château" mostram que a bebida foi engarrafada no local onde foi vinificada ou em cooperativa. Se o vinho foi engarrafado fora da propriedade, por um prestador de serviços, deve haver a expressão "mis en bouteille par..." seguida do nome do engarrafador e de seu código postal.
- **A capacidade.**
- **O teor alcoólico.**
- **O nome da região produtora.**
- **As menções relativas à saúde.** A presença de sulfitos, assim como um logotipo informando que o consumo de álcool não é aconselhável para gestantes.
- **O número do lote, que assegura a rastreabilidade de uma garrafa.**

AS PRINCIPAIS INFORMAÇÕES FACULTATIVAS

- **A safra.** Ao menos 85% do vinho deve ser proveniente do ano indicado.
- **O nome da marca.** Um nome próprio seguido do símbolo "®", ou um nome de exploração e de uma localidade, como "Domaine X", "Château Y", "N. N.".
- **A classificação.** As expressões "Cru Classé", "Premier Cru", "Grand Cru" e "Cru" estão vinculadas a um número limitado de vinhos e são definidas por legislação.
- **A cepa.** Na Europa, quando especificada deve compor ao menos 75% do vinho.
- **A forma de exploração.** Indicada por expressões como "propriétaire" (dono da propriedade), "propriétaire-récoltant" (quando o propriedade colhe as uvas), etc.
- **Os métodos de cultivo.**

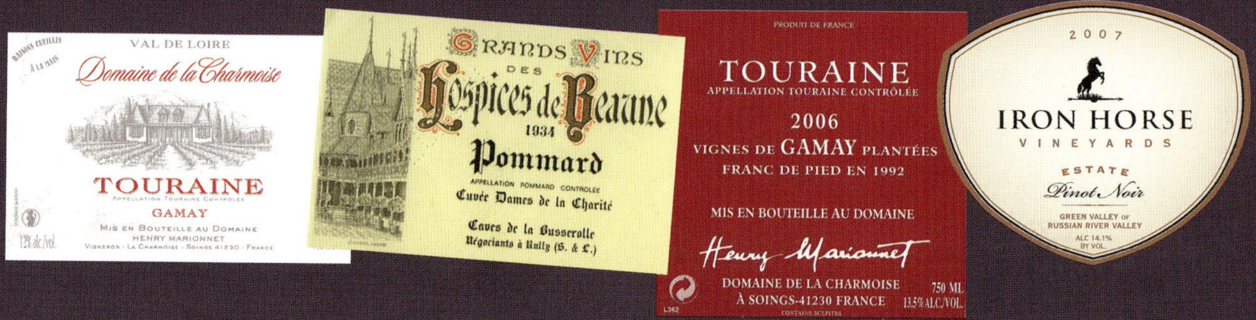

ONDE COMPRAR

EVIDENTEMENTE, É POSSÍVEL COMPRAR VINHOS EM DIVERSOS LOCAIS. MAS CADA REDE DE DISTRIBUIÇÃO TEM SUAS PARTICULARIDADES.

A COMPRA NO VAREJO

- **As grandes redes de supermercados** respondem por 80% das compras de vinhos por particulares. Elas oferecem uma vasta gama de vinhos a preços muito competitivos, mas muitas vezes faltam informações, e, fora de suas já tradicionais feiras de vinhos, é difícil encontrar uma pérola rara.
- **O adegueiro** tem como vocação aconselhar seus clientes em suas escolhas, levando em conta a qualidade do vinho desejado, o preço justo e a harmonização do vinho com a comida. Em sua adega, encontraremos grandes clássicos, pequenos Crus pouco conhecidos, velhas safras, vinhos de estação e outras bebidas alcoólicas de destaque; vinhos que devem ser bebidos logo e vinhos de guarda. Tem preços de 10% a 20% mais elevados que os dos grandes varejistas.

A COMPRA FEITA DIRETAMENTE COM O PRODUTOR

- **A compra na propriedade** é uma boa maneira de obter vinhos de qualidade a preços razoáveis. Além disso, uma boa relação com um produtor possibilita, às vezes, desfrutar de preços privilegiados e uma melhor escolha entre as safras à venda.
- **As cooperativas** asseguram também a comercialização da produção de certos vinhateiros, seja vendendo o vinho a granel para negociantes, seja vendendo o vinho já engarrafado, com uma boa relação custo-benefício.

OUTROS CIRCUITOS DE COMPRA

- **A internet** responde pela quase totalidade das vendas de vinho por correspondência. Existem dezenas de *sites* que não só comercializam os vinhos como também disponibilizam serviços e informações de interesse do público.

- **Os clubes de amadores** – na França, exemplos são o Savour Club e o Club des vins de France – oferecem uma garantia suplementar quanto aos vinhos selecionados, no aconselhamento e na degustação. Possuem a vantagem de ofertar Grands Crus e vinhos de propriedade a preços inferiores aos dos adegueiros.
- **As vendas em leilões** constituem uma oportunidade de bons negócios desde que se evitem os vinhos muito renomados, recorra-se a um conselheiro bem-informado, que indique as ofertas interessantes, e se obtenha uma cotação dos grandes vinhos. Ao preço do leilão geralmente somam-se uma comissão, os impostos e as taxas de frete e de seguro, que podem responder por 20% do preço de base.

A COMPRA *EN PRIMEUR*

A compra *en primeur* consiste em adquirir por assinatura, e antes do lançamento, os vinhos da última vindima ainda em processo de *élevage* (anterior ao engarrafamento). Seu preço pode ser bastante inferior àquele que os vinhos atingirão quando chegar a época de serem distribuídos, ou seja, de dezoito meses a dois anos mais tarde. Essa prática bordalesa tem ganhado outras regiões vitícolas francesas, como a Borgonha, o Vale do Rhône, a Alsácia e até mesmo o Languedoc. Tal modalidade de compra pode significar de 20% a 30% de economia, dependendo do ano, sobre o preço final de venda, mas não deixa de ser um jogo especulativo que possui alguns riscos.

COMPONDO A ADEGA

UMA ADEGA DEVE SER CONSTITUÍDA AOS POUCOS, NO RITMO DAS COMPRAS PLANEJADAS E ESPONTÂNEAS QUE REFLETEM OS GOSTOS DO ENÓFILO, DE SUA FAMÍLIA E DE SEUS CONVIDADOS.

UMA BOA ESTRATÉGIA DE COMPRAS

Para constituir uma boa adega, devemos fazer algumas questões a nós mesmos: que consumidor de vinho sou eu? Quanto tempo poderei dedicar a essas compras? Quantos vinhos vou comprar? E quantas garrafas comprar de um mesmo vinho? Quais são os vinhos que merecem ser guardados? Às respostas oferecidas, devemos acrescentar uma boa programação de compras e uma estimativa precisa de consumo nos anos futuros, levando ainda em conta os diferentes estilos e cores de vinho e o tamanho da adega (os vinhos de longa guarda demandam espaço). Finalmente, o toque final será dado pela questão orçamentária. Para um mesmo número de garrafas e um mesmo estilo de vinho, escolheremos uma apelação mais ou menos prestigiosa: um crémant da Alsácia ou da Borgonha, no caso de um orçamento modesto; um champagne não safrado de vinhateiro, se dispusermos de mais recursos; ou um champagne safrado de uma grande marca, quando a seleção não for limitada pelo preço do vinho.

A ADEGA SIMPLES (CERCA DE € 500)

Vinhos brancos secos leves ou frutados ▪ € 30 (6 garrafas × € 5) Bourgogne Aligoté, Cheverny, Entre-deux-Mers, Pinot Blanc da Alsácia, Côtes-de-Provence, vinhos da Córsega.

Vinhos brancos amplos e de raça ▪ € 150 (10 garrafas × € 15) Chablis Premier Cru, Mersault, Savennières, Vouvray, Gewürztraminer.

Vinhos brancos licorosos ▪ € 60 (4 garrafas × € 15) Sainte-Croix-du-Mont, Cérons, Coteaux-de-l'Aubance, Monbazillac.

Vinhos tintos frutados ▪ € 105 (15 garrafas × € 7) Beaujolais, Hautes-Côtes-de-Beaune, Anjou, Côtes-du-Forez, Coteaux-du-Lyonnais, Saint-Nicolas-de-Bourgueil, Bordeaux, Côtes-du-Rhone-Villages, vins de pays d'Oc.

Vinhos tintos complexos ▪ € 100 (10 garrafas × € 10) Bordeaux Supérieur, Haut-Médoc, Saint-Émilion, Graves, Cahors, Buzet, Minervois-la-Livinière, Pécharmant, Mercurey.

Vinhos rosados ▪ € 28 (4 garrafas × € 7) Côtes-de-Provence, Luberon, Côtes-du-Jura, Corbières, Lirac, Tavel.

Vinhos efervescentes ▪ € 48 (6 garrafas × € 8) Blanquette de Limoux, Clairette de Die, Gaillac, Saumur, Vouvray, crémant da Borgonha, crémant da Alsácia.

A ADEGA SOCIAL (CERCA DE € 1.000)

Vinhos brancos secos leves ou frutados ▪ € 60 (12 garrafas × € 5) Muscadet, Entre-deux--Mers, Bordeaux, Petit Chablis, Sylvaner da Alsácia, Côtes-de-Provence.

Vinhos brancos amplos e de raça ▪ € 300 (12 garrafas × € 25) Pessac-Léognan, Graves, Chablis Grand Cru, Mersault, Puligny-Montrachet, Condrieu.

Vinhos brancos licorosos ▪ € 120 (6 garrafas × € 20) Loupiac, Sainte-Croix-du-Mont, Coteaux-du--Layon, Montlouis, Pinot Gris da Alsácia Vendanges Tardives, Riesling da Alsácia Vendanges Tardives, Jurançon.

Vinhos tintos frutados ▪ € 120 (12 garrafas × € 10) Bordeaux, Bordeaux Supérieur, Hautes--Côtes-de-Nuits, Saumur-Champigny, Bourgueil, vinho de Savoie, Côtes-du-Rhône-Villages.

Vinhos tintos complexos ▪ € 240 (12 garrafas × € 20) Haut-Médoc, Pauillac, Saint-Estèphe, Saint-Julien, Saint-Émilion, Pessac-Léognan, Volnay, Vosne-Romanée, Crozes-Hermitage, Saint-Joseph, Bandol.

Vinhos rosados ▪ € 60 (6 garrafas × € 10) Bordeaux Clairet, Marsannay, Languedoc, Irouléguy, Palette.

Vinhos efervescentes ▪ € 90 (6 garrafas × € 15) Champagnes bruts sem ano de vinhateiro.

Vinhos doces naturais ▪ € 48 (4 garrafas × € 12) Banyuls, Muscat de Rivesaltes, Muscat de Beaumes-de-Venise, Porto.

A ADEGA REFINADA (CERCA DE € 2.000)

Vinhos brancos secos leves ou frutados ▪ € 120 (12 garrafas × € 10) Premières-Côtes-de--Blaye, Bordeaux, Graves, Bandol, Bellet, Cassis, Coteaux-d'Aix, Saint-Véran, Sancerre, Roussette de Savoie, Jurançon seco.

Vinhos brancos amplos e de raça ▪ € 450 (18 garrafas × € 25) Pessac-Léognan, Puligny--Montrachet, Chassagne-Montrachet, Mersault, Chablis Grand Cru, Savennières, Vouvray, Château--Châlon, Condrieu, Riesling Grand Cru da Alsácia.

Vinhos brancos licorosos ▪ € 360 (12 garrafas × € 30) Crus Classés de Sauternes, Bonnezeaux, Gewürztraminer Sélection de Grains Nobles, Riesling Sélection de Grains Nobles, Vouvray, Tokaj.

▪ € 45 (3 garrafas × € 15) Loupiac, Sainte--Croix-du-Mont, Coteaux-du-Layon, Montlouis, Jurançon.

Vinhos tintos frutados ▪ € 120 (12 garrafas × € 10) Bordeaux, Crus do Beaujolais, Hautes--Côtes-de-Nuits, Saumur-Champigny, Bourgueil, Saint-Nicolas-de-Bourgueil, vinho de Savoie, Côtes-du-Rhône-Villages.

Vinhos tintos complexos ▪ € 540 (18 garrafas × € 30) Haut-Médoc, Crus Classés do Médoc, Saint--Émilion Grand Cru, Pomerol, Pommard, Volnay, Chambolle-Musigny, Gevrey-Chambertin, Côte--Rôtie, Hermitage, Cornas, Bandol.

Vinhos rosados ▪ € 60 (6 garrafas × € 10) Bordeaux Clairet, Marsannay, Coteaux-du--Languedoc, Irouléguy, Palette, Côtes-de-Provence.

Vinhos efervescentes ▪ € 150 (6 garrafas × € 25) Champagnes de uma grande marca, champagnes safrados de vinhateiro.

Vinhos doces naturais ▪ € 100 (5 garrafas × € 20) Porto, Rivesaltes, Banyuls, Maury, Rasteau.

INSTALANDO A ADEGA

O PRINCÍPIO DE TODO PROJETO DE ADEGA É OFERECER AS MELHORES CONDIÇÕES PARA PERMITIR O ENVELHECIMENTO DO VINHO. PARA TANTO, É PRECISO RESPEITAR ALGUNS PRINCÍPIOS BÁSICOS E REFLETIR A RESPEITO DE SEUS REQUISITOS.

Adega pré-fabricada enterrada no solo.

REUNIR BOAS CONDIÇÕES

O espaço previsto deve atender os requisitos da adega ideal (ver página a seguir), mas, também, estar protegido de inundações, incêndios e arrombamentos, especialmente se a adega encontrar-se no subsolo de um imóvel coletivo. Transformar um local existente em adega é uma solução vantajosa e de fácil execução, desde que já tenham sido medidas a temperatura e a umidade em momentos diferentes do ano, assim como a ventilação, a iluminação e as vibrações.

- **Adega no subsolo**: em caso de umidade insuficiente, deve-se cobrir o solo com cascalho, clínquer ou areia de rio. Os tubos de água quente e de aquecimento devem possuir isolamento.
- **Adega num compartimento**: para um bom isolamento térmico, aconselha-se isolar o compartimento da adega com uma parede de blocos de cimento, assim como revestir as paredes e a porta de poliestireno extrudado, e o teto, com uma camada dupla deste material ou de lã de vidro. Na ausência de um respiradouro, talvez seja preciso equipar o compartimento com um climatizador e um umidificador.

- **Adega em apartamento**: um cômodo que receba menos insolação pode servir de adega, assim como um espaço sob uma escada, um guarda-louças ou um armário. De acordo com seu orçamento e seus talentos para a bricolagem, o enófilo contratará ou não uma empresa especializada para instalar uma adega pré-fabricada, ou ainda poderá munir-se de uma adega termoelétrica.

Paredes de pedra, calcário ou tijolos.

Localização protegida de insolação.

Temperatura constante entre 8 °C e 18 °C.

Escura.

Limpa, sem odores.

Sem vibrações.

Umidade elevada (75% a 80%).

Ventilação por uma porta e/ou um respiradouro na parte inferior e saída de ar estática ou mecânica na parte superior.

Solo de areia ou cascalho úmido.

ORGANIZANDO A ADEGA

A GESTÃO DE UMA ADEGA SEMPRE REQUER RIGOR, TEMPO E ALGUNS CONHECIMENTOS SIMPLES. PARA TIRAR PLENO PROVEITO DO VINHO, É PRECISO VIGIAR SEU NÍVEL, EXAMINAR O ESTADO DAS ROLHAS E... BEBER O VINHO NO MELHOR MOMENTO.

ARRUMAR A ADEGA

Em sua grande maioria, os vinhos devem repousar deitados (para que estejam em contato com a rolha) e ser facilmente reconhecíveis, a fim de evitar manipulações desnecessárias. As garrafas de aguardente, de Porto, de vinhos doces naturais e de vinhos licorosos devem ser conservadas de pé.

É preciso que a disposição da adega seja coerente: não deve ser preciso mexer numa garrafa para alcançar uma outra. O critério a ser adotado é o que mais lhe agradar:

GERIR A ADEGA

Para manter a adega, alguns utensílios são indispensáveis:

- **Etiquetas de adega**, para colocar em torno do gargalo, para possibilitar a gestão das garrafas sem movimentá-las.
- **Fichas de adega**, para anotar contatos e experiências gustativas.
- **Uma classificação temática**, para manter seu controle de estoque sempre atualizado.

8

por regiões, por tempo de guarda (vinhos que devem ser bebidos rapidamente, mais acessíveis; vinhos de guarda, mais afastados), por ocasião (vinhos para o dia a dia, vinhos para os domingos, vinhos para grandes ocasiões), etc.

As estantes e prateleiras devem ser estáveis e de fácil acesso. Podem ser de metal inoxidável ou de madeira (tratada contra insetos e umidade). O papelão está proibido: rapidamente se torna inutilizável e libera odores nocivos ao vinho. Em contrapartida, podemos deixar as garrafas em sua caixa de madeira original, desde que tiremos a tampa para deixá-las respirar e não a coloquemos diretamente sobre o solo. Mas atenção aos insetos, aos parasitas e... aos ladrões!

Domaine Bouchard Père & Fils (Borgonha).

Uma pequena porção do vinho evapora pelo gargalo com o tempo. Em Bordeaux, fala-se do "nível" da garrafa.

AS FAMÍLIAS DE VINHOS

ESCOLHER UM VINHO E BEBÊ-LO É UMA ARTE! PARA TIRAR PLENO PROVEITO DELA, O ENÓFILO DEVE DEMONSTRAR COMPETÊNCIA NA ESCOLHA DO VINHO, NO CONTROLE DE SUA MATURIDADE, NAS CONDIÇÕES DO SERVIÇO E EM SUA DEGUSTAÇÃO.

O ESTILO GERAL DOS VINHOS BRANCOS

Os vinhos brancos são elaborados a partir de uvas brancas ou de uvas tintas de polpa incolor, sem maceração das partes sólidas do cacho.
O resultado é uma ausência de taninos que os torna mais refrescantes que a maior parte dos vinhos tintos.
A acidez, que lhes confere frescor, faz dos vinhos brancos os parceiros preferenciais dos peixes e frutos do mar. Muito agradáveis na hora do aperitivo, esses vinhos ainda combinam muito bem com numerosos tipos de queijos.

Para o enófilo iniciante, pode parecer complicado fazer uma boa escolha em meio à imensa variedade de vinhos oferecidos pelas grandes redes varejistas e pelos adegueiros. A tarefa será facilitada se ele levar em conta a ideia de estilo de vinho, ou família. De fato, os vinhos podem ser classificados de acordo com sua coloração e sua personalidade gustativa (tintos complexos e de raça, brancos leves e nervosos, etc.) em 14 famílias. Para cada uma delas, o livreto da página a seguir apresenta as apelações mais representativas, as harmonizações gastronômicas e as temperaturas de serviço.

VOCÊ SABIA?

A coloração do vinho tinto pode dizer muito sobre sua identidade. A paleta dos tintos vai do rubi mais claro ao grená mais escuro. Um vinho que apresenta uma robe (ou coloração) intensa e escura está associado a uma ideia de concentração. Ao contrário, um vinho mais claro sugere uma boca mais leve, mais fluida, menos tânica. Assim, por meio da simples observação visual, o degustador já pode ter uma ideia da personalidade gustativa do vinho... e até mesmo, algumas vezes, deduzir sua origem. Por exemplo, uma coloração grená escura indica mais possivelmente um vinho de Bordeaux ou do sul da França que do Beaujolais ou da Borgonha.

Livreto de família dos vinhos

ESCOLHENDO UM BOM VINHO

A HARMONIZAÇÃO DE UM PRATO E DE UM VINHO ÀS VEZES PODE SER UM QUEBRA-CABEÇA. PARA QUE SEJA BEM-SUCEDIDA, DEVEM-SE CONSIDERAR AS CIRCUNSTÂNCIAS E AS CARACTERÍSTICAS GUSTATIVAS DE CADA UM.

SEGUNDO AS CIRCUNSTÂNCIAS

- **As refeições**: um vinho modesto acompanha agradavelmente uma refeição despretensiosa, sendo a coloração uma questão de gosto. Os domingos ou a presença de amigos são boas oportunidades para explorar sua adega. Sem contar o aperitivo, em que podemos servir o vinho escolhido para a entrada, é razoável que três ou quatro vinhos se sucedam durante a refeição. Entre conhecedores, a refeição pode ser planejada com o objetivo de degustar vinhos de alto nível.
- **As estações**: os tintos frescos, os rosados e os brancos refrescantes nas estações quentes; os vinhos estruturados, equilibrados e ricos para os pratos de inverno.

PARA SE ADAPTAR AO SABOR DOMINANTE DE UM PRATO

Na alimentação, encontramos quatro sabores básicos em graus diversos de percepção. Quando um deles é muito pronunciado, é difícil combinar um vinho.

COM O MUITO SALGADO: é melhor servir vinhos bem jovens, frutados e acidulados, muito refrescantes.

COM O MUITO DOCE: vinhos bem frutados, moelleux ou ricos em álcool e muito aromáticos.

COM O MUITO ÁCIDO: um vinho branco ou rosado, bem jovem, até mesmo simples e modesto. Com um vinagrete, nenhuma outra bebida além da água!

COM O MUITO AMARGO: os vinhos não se harmonizam bem com o amargor, que os torna duros e ressecantes, com as exceções do Alsace Muscat, do vinho amarelo e do Jerez com alcachofra, aspargo, endívia, espinafre... Os vinhos doces naturais tintos harmonizam-se bem com o chocolate.

SEGUNDO A ORDEM DOS PRATOS

- **Como aperitivo**: um vinho branco, que acompanhe também a entrada, ou uma taça de champagne Blanc de Blancs.
- **Como entrada**: para despertar as papilas sem cansá-las, um branco bem vivo e frutado ou um vinho proveniente de cepas como Sauvignon, Sylvaner, Aligoté ou Chardonnay.
- **Com o(s) prato(s)**: um ou mais vinhos que não nos façam lamentar pelo anterior; o branco seco antes do tinto, o tinto jovem antes do envelhecido, o mais leve antes do mais encorpado, o mais simples antes do mais complexo.
- **Com o queijo**: os vinhos brancos, secos ou doces, cuja acidez traga frescor e cuja característica frutada contrabalance a força dos queijos. A escolha de um vinho tinto é mais complicada porque os taninos são acentuados pelo sabor salgado dos queijos.
- **Com a sobremesa**: um vinho moelleux ou um vinho doce natural, branco ou tinto. Os brancos acompanham particularmente bem os pratos à base de frutas, e os tintos, o chocolate.

PARA HARMONIZAR AS TEXTURAS E OS AROMAS

As texturas: existem vinhos fluidos, vinhos untuosos e vinhos adstringentes cujas características complementam a textura dos pratos. Assim, associamos os pratos de consistência mole a um vinho leve pouco tânico, e os pratos gordurosos de textura macia a um vinho redondo.

Os aromas: os pratos realçam ainda os aromas dos vinhos – por exemplo, uma torta de limão amplifica o gosto de laranja amarga de um Sauternes envelhecido. O importante é que o aroma de um não apague o aroma do outro.

VALORIZANDO O VINHO

SE O COSTUME É HARMONIZAR O VINHO AO MENU, TAMBÉM PODE SER INTERESSANTE VALORIZAR UM VINHO POR MEIO DE UM PRATO *AD HOC*.

COM UM BORDEAUX TINTO

Filé de cordeiro em crosta, *écrasée* de alcachofras

Para 4 a 6 pessoas • Preparo: 15 min • Cozimento: 50 min • Repouso: 25 min

> Aqueça **2 colheres (sopa) de óleo de girassol** numa grande frigideira.

> Tempere com sal e pimenta **2 filés de cordeiro já sem gordura** (retirados do lombo), depois passe-os na frigideira durante 1 minuto de cada lado para que fiquem bem dourados. Transfira-os para um prato e deixe esfriar.

> Preaqueça o forno a 200 °C. Numa tigela, bata **1 ovo com uma colher** (café) de água. Corte **1 rolo de massa folhada retangular** em dois pedaços.

> Quando os filés de cordeiro estiverem frios, cubra cada um com **2 fatias finas de presunto cru** e, depois, de massa folhada. Feche as extremidades, pincele com o ovo batido e deixe no forno por 35 minutos.

> Corte em pedaços grandes **8 fundos de alcachofra cozidos**. Aqueça-os numa caçarola com **80 g de manteiga** em fogo bem baixo e depois os esmague com um garfo. Tempere com **sal e pimenta**.

> Quando a massa folhada estiver bem crocante, retire os filés do forno e deixe-os descansar por 10 minutos.

> Corte em tiras grossas o filé de cordeiro em crosta e sirva com a *ecrasée* de alcachofras, **acompanhado de uma taça de Bordeaux tinto**.

COM UM GEWÜRZTRAMINER COLHEITA TARDIA

Terrine de *foie gras* com figos

Para 4 a 6 pessoas • Preparo: 10 min • Marinada: 10 minutos • Cozimento: 45 min – Repouso: 13 horas

> Abra delicadamente um **lóbulo de *foie gras* de pato cru de 500 g a 600 g** e retire os nervos com a ponta de uma faca. Tempere-o com **1 colher (café) de sal e ½ colher (café) de pimenta**, regue-o com **2 colheres (sopa) de Gewürztraminer** e deixe-o marinar à temperatura ambiente durante 10 minutos.

> Preaqueça o forno a 130 °C. Retire o cabo de **220 g de figos bem maduros**, lave-os e seque-os. Corte-os em dois pedaços. Tempere com **sal e pimenta**.

> Disponha uma parte do lóbulo de *foie gras* no fundo de uma terrina; em seguida, metade dos figos; depois, novamente, uma parte do *foie gras*. Alterne dessa maneira o *foie gras* e os figos até que os ingredientes se acabem. Comprima e deixe no forno em banho-maria por 45 minutos.

> Retire a terrina do forno, deixe-a esfriar por 1 hora à temperatura ambiente e, depois, por mais 12 horas no refrigerador.

> Deguste o *foie gras* em fatias grossas, **acompanhadas de um *kouglof* dourado e de um Gewürztraminer colheita tardia**.

COM UM BORGONHA BRANCO

Folhados de vieiras com pontas de aspargos

Para 4 pessoas • Preparo: 25 min • Cozimento: 45 min

> Preaqueça o forno a 180 °C. Numa tigela, bata **1 ovo com uma colher (café) de água**.

> Corte 1 rolo de massa folhada em 4 pedaços, depois coloque-os sobre uma assadeira rasa forrada de papel-manteiga.

> Pincele-os com o ovo batido e coloque no forno por 25 minutos. Limpe delicadamente **16 aspargos verdes grossos** e quebre a ponta dos talos. Mergulhe-os numa panela de água fervente salgada e cozinhe-os por cerca de 5 minutos. Escorra os aspargos e deixe-os amornar.

> Esprema **4 limões** e aqueça o suco numa panela pequena. Corte **150 g de manteiga** em pedaços. Apague o fogo e acrescente os pedaços de manteiga pouco a pouco ao suco quente de limão, batendo energicamente com um batedor de arame, até obter um molho untuoso. Mantenha aquecido em banho-maria.

> Derreta **50 g de manteiga** numa frigideira em fogo baixo. Passe na manteiga **16 vieiras grandes** (sem as conchas) e as pontas de aspargo e cozinhe-as por 3 minutos, virando-as sem deixar que dourem. Tempere com **sal e pimenta**.

> Parta ao meio os pedaços de massa folhada e coloque-os em pratos individuais. Sobre a parte inferior da massa folhada, disponha as vieiras e as pontas de aspargo, recobrindo-os de manteiga ao limão. Coloque por cima a metade superior da massa folhada.

> Deguste morno com o **Borgonha branco**.

COM UM CHAMPAGNE

Tartare de robalo e salmão

Para 4 pessoas • Preparo: 20 min

> Corte os **filés de um robalo de 1,5 kg** sem pele em pequenos pedaços.

> Pique **1 grande posta de salmão defumado**.

> Esprema **2 limões**.

> Lave **1 maço de cebolinha e pique-o**.

> Misture os pedaços de peixe, **30 g de ovas de salmão**, a cebolinha e **4 colheres (sopa) de óleo de oliva** numa saladeira grande. Acrescente o suco de limão, tempere com **sal e pimenta** e misture delicadamente.

> Deguste o *tartare* **acompanhado de *blinis* mornos e de uma taça de champagne bem fresco**.

SERVINDO O VINHO

O SERVIÇO DO VINHO, ASSIM COMO A ESCOLHA DESTE, NÃO PODE SER IMPROVISADO. PARTE INTEGRANTE DA DEGUSTAÇÃO, O RITUAL DO SERVIÇO PERMITE QUE O VINHO SE EXPRIMA PLENAMENTE.

A TEMPERATURA CERTA

A temperatura de serviço de um vinho depende de sua coloração, de seu caráter, da estação do ano e também da temperatura do local onde ele será degustado. De maneira geral, os brancos devem ser servidos mais frescos que os tintos, mas é melhor servir um vinho frio demais que quente demais: o calor acentua a presença do álcool, que encobre os aromas; já o frescor possibilita que a acidez alie-se ao frutado de um vinho branco, mas também acentua a acidez e o amargor de um vinho tânico. O ideal é colocar a garrafa num balde de água fria com cubos de gelo. Uma vez servido na taça, a temperatura do vinho sobe 1 °C.

A DECANTAÇÃO

Decantar um vinho possibilita oxigená-lo e separar os pedaços de rolha e a borra, acelerando sua maturação e modificando sua temperatura. A operação deve ser efetuada duas horas antes do serviço, e a recomendação é de que seja precedida de uma degustação, para controlar o estado do vinho. Em quase todos os casos, um vinho que apresenta borra deve ser decantado.

A ABERTURA DOS VINHOS EFERVESCENTES

Os vinhos devem ser servidos frios, entre 6 °C e 9 °C. Sua abertura deve ser feita diante dos convidados... na direção de uma parede. Ela consiste em retirar o lacre de proteção, o arame e a chapa de metal e depois girar a garrafa inclinada, controlando a retirada da rolha.

Quanto aos outro vinhos, os efeitos buscados dependem de sua idade e do tempo a permanecer no decanter:

- **para um vinho jovem**, o objetivo é aerá-lo, permitir que ele fique macio e que seu perfume seja liberado. O processo consiste, então, em transferir o vinho para um recipiente plano de fundo bojudo que facilite as trocas entre o vinho e o ar, deixando-o repousar à temperatura ambiente.
- **para um vinho envelhecido**, a operação, realizada pouco antes do serviço, é mais delicada: é preciso retirar a rolha da garrafa com cuidado e verter o vinho lentamente num decanter estreito, não deixar a borra sair. O decanter deve ser fechado com rolha.

A ESCOLHA E A DISPOSIÇÃO DAS TAÇAS

Para colaborar com a degustação, a taça deve satisfazer as exigências dos olhos, do nariz e da boca.

- **O formato**: o bojo de uma taça de vinho deve ter o formato de uma tulipa fechada. A borda, curvada para o interior, capta os aromas e os dirige ao nariz. O ventre profundo os resguarda, limitando as trocas com o ar. A haste longa deve permitir que se segure a taça sem aquecer o bojo. No caso dos vinhos efervescentes, devemos preferir as flûtes. Se preenchidas até três quartos, elas permitem que as borbulhas se formem e persistam, sem nada perder do buquê.

- **O tamanho**: a taça deve ser grande o bastante para permitir movimentos de rotação sem que se derrame o vinho. A capacidade ideal é de ao menos 280 ml, e a quantidade servida, de 90 ml.
- **O material**: o vidro deve ser transparente, fino, liso e não facetado. A cor e os ornamentos impedem que se admirem a coloração e a intensidade do vinho.
- **À mesa**: as taças serão dispostas na ordem do serviço, da esquerda para a direita, de frente para o prato. A taça de água, de formato e matéria-prima irrestritos, deve ser colocada atrás das taças de vinho.

DEGUSTANDO O VINHO

A DEGUSTAÇÃO É UM EXERCÍCIO TÉCNICO QUE SE DESENROLA EM TRÊS ETAPAS DURANTE AS QUAIS TRÊS DE NOSSOS SENTIDOS SÃO UTILIZADOS: A VISÃO, O OLFATO E O PALADAR. PARA COMUNICAR SUAS PERCEPÇÕES, O APRECIADOR DEVERÁ, PORTANTO, AGUÇAR SEUS SENTIDOS E APRENDER UM POUCO DO VOCABULÁRIO ESPECÍFICO.

O OLHO DO VINHO

O exame visual deve ser feito com a taça posicionada contra um fundo branco. Observando a **robe**, o **disco** (superfície do vinho) e a **franja** (borda exterior do disco), poderemos determinar sua tonalidade (rubi, cobre, granada, limão, etc.), sua intensidade (pálido, claro, opaco, denso, etc.) e sua limpidez; depois, por dedução, a cepa, a safra e o rendimento da videira, o estado da uva, a idade do vinho e a vinificação. As **lágrimas** ou **pernas** do vinho (gotas de líquido transparente que escorrem pelas laterais da taça após se rodar o vinho) traduzem sua untuosidade, sua viscosidade, sua espessura táctil. Quanto mais espessas e lentas, mais rico é o vinho em álcool e/ou em açúcares residuais.

O NARIZ DO VINHO

Até 70% das informações a respeito de um vinho são reveladas pelo olfato, em três fases: **o primeiro nariz** revela os odores voláteis efêmeros; **o segundo nariz,** a força, a intensidade e a riqueza aromática do vinho, por um movimento de rotação da taça; **o terceiro nariz**, a evolução dos aromas depois de um tempo de repouso. Para descrever tais aromas, falaremos das **famílias (floral, frutada, vegetal, mineral, condimentada, balsâmica, empireumática e química)**, que se exprimem nas categorias primária (próprias das cepas), secundária (provenientes da fermentação) e terciária (relacionadas ao élevage e ao envelhecimento).

AS CONDIÇÕES

O organizador de uma degustação deve reunir condições ótimas: um ambiente com temperatura entre 18 °C e 20 °C, claro, com iluminação neutra e livre de poluição olfativa. As taças em forma de tulipa, transparentes e limpas, devem ser dispostas sobre uma toalha de mesa branca. Finalmente, é preciso disponibilizar cuspidores, já que não se deve engolir o vinho degustado. Os degustadores devem gozar de boa saúde, além de estar descansados e dispostos. Em caso de coriza, cansaço ou digestão, é melhor que se abstenham.

A BOCA DO VINHO

Esta última etapa conta com a contribuição da língua, que analisa os quatro principais sabores (doce, salgado, ácido e amargo), assim como de toda a boca (gengivas, bochechas e palato) na percepção de sensações de caráter térmico, táctil e químico. Ela ocorre em três fases sucessivas: **1. o ataque** (primeira impressão passada pelo vinho) deve ser franco, limpo, preciso para demonstrar qualidade, ou ainda amplo, aromático, frutado; **2. o meio da boca** (desabrochar do vinho), obtido quando se circula um gole pela boca e depois se aspira um pouco de ar, permite a captação de todos os sabores, odores, texturas e estruturas do vinho; **3. o final** (persistência aromática) dá uma ideia da "grandeza" do vinho e é medido em segundos ou caudalies. A interação harmoniosa entre os sabores e os aromas permite julgar a qualidade e o equilíbrio do vinho degustado. A esse julgamento acrescenta-se a análise das sensações tácteis, tais como a maciez (graças ao álcool e ao açúcar), a acidez (sensação de frescor) ou a adstringência (sensação de ressecamento provocada pelos taninos) do vinho. A soma dessas sensações revela o corpo, a carne ou a "trama" do vinho.

A ficha de degustação é a síntese do que captamos pelos sentidos da visão, do olfato e do paladar. Ela permite a anotação padronizada de observações, facilita a análise e possibilita que se tire o máximo proveito do vinho. As informações na parte destacável (ao lado) constituem uma referência para o preenchimento de uma ficha de degustação.

GRAND VIN

INVENTÁRIO
DA ADEGA

Faça o inventário da adega

DESTAQUE OS CARTÕES DE INVENTÁRIO E CLASSIFIQUE-OS AQUI.
E organize as caixas por vinhedos, cepas, safras...

Faça o inventário da adega

E organize as caixas por vinhedos, cepas, safras...

Faça o inventário da adega

DESTAQUE OS CARTÕES DE INVENTÁRIO E
CLASSIFIQUE-OS AQUI.
E organize as caixas por
vinhedos, cepas,
safras...

Faça o inventário da adega

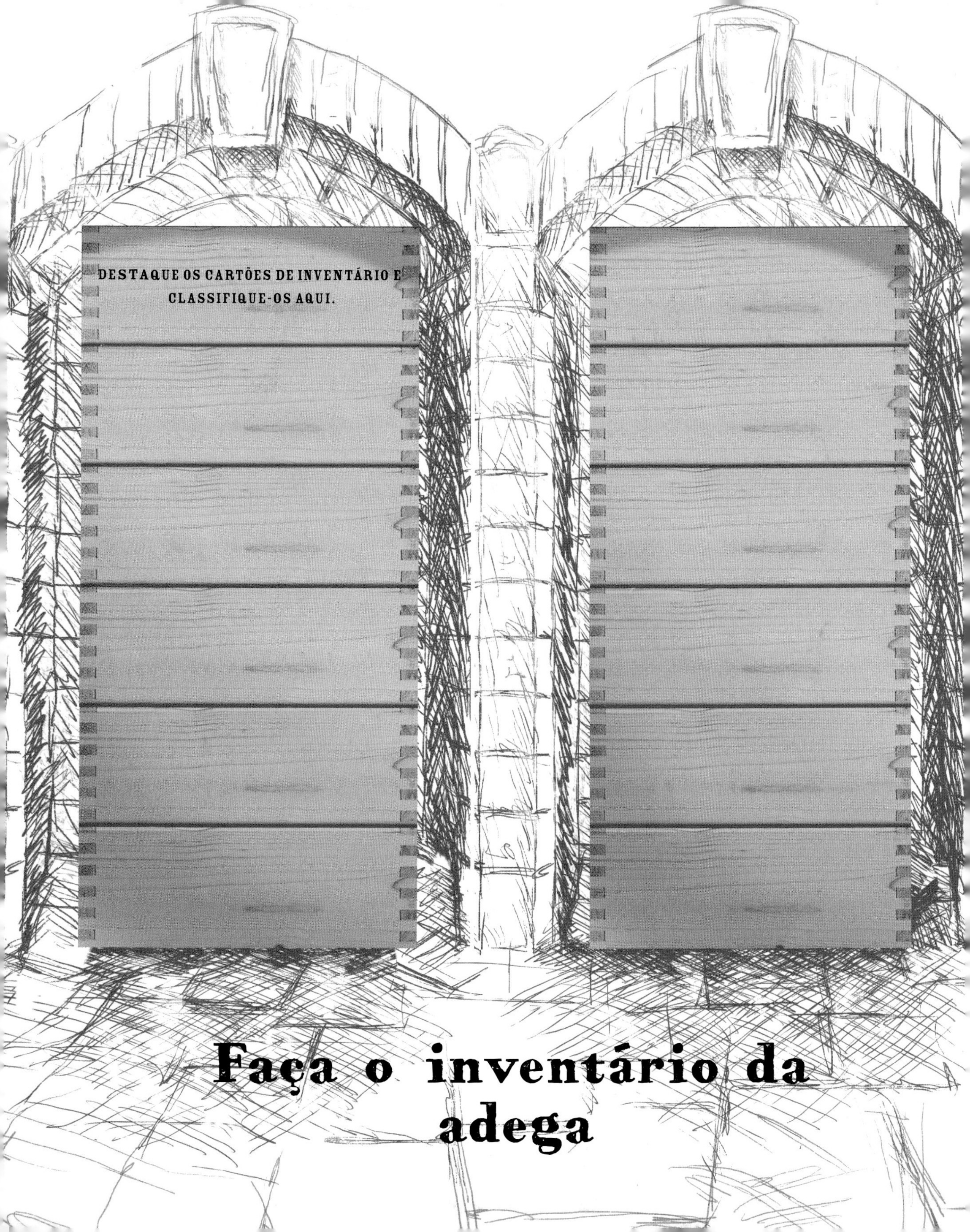

72 CARTÕES DESTACÁVEIS PARA FAZER O INVENTÁRIO DA ADEGA

72 CARTÕES DESTACÁVEIS PARA FAZER O INVENTÁRIO DA ADEGA

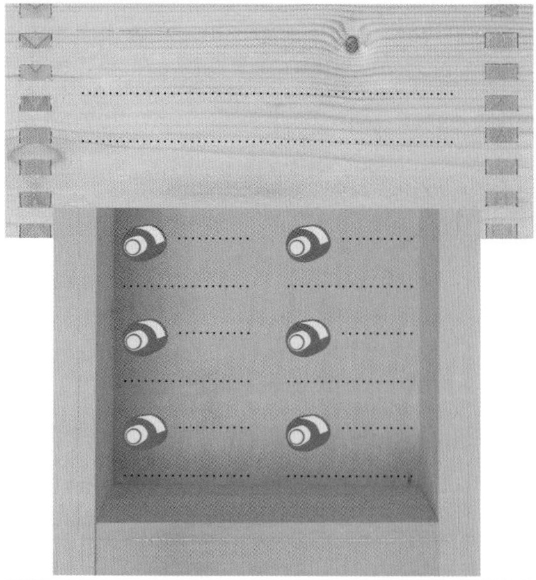

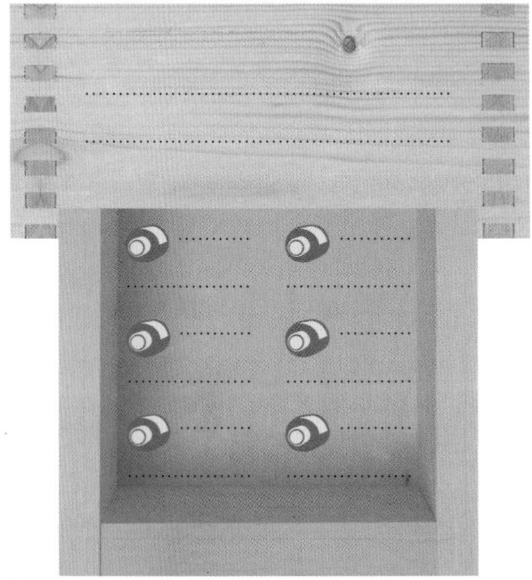

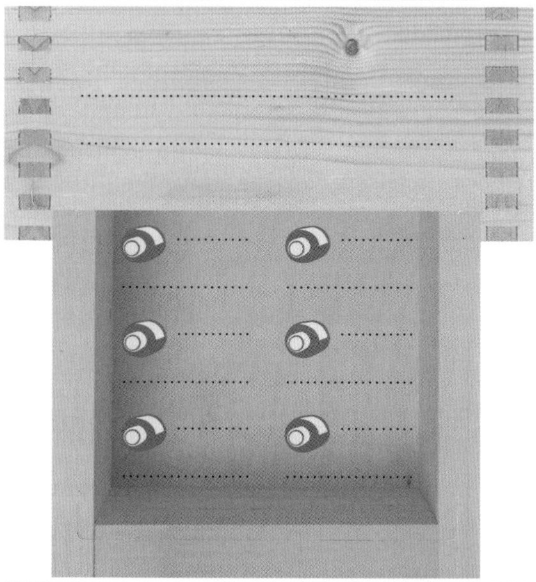

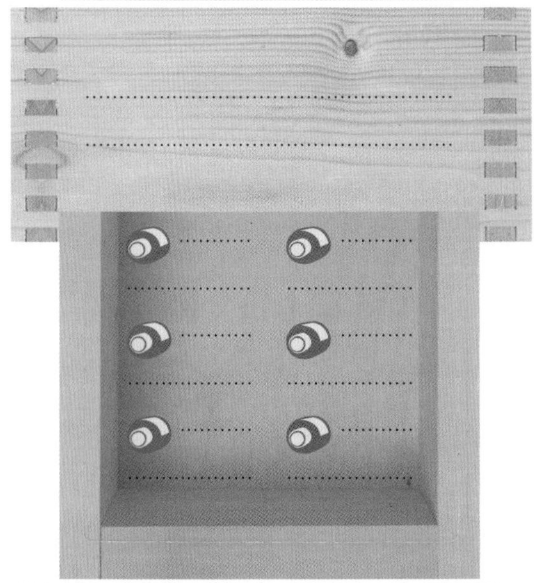

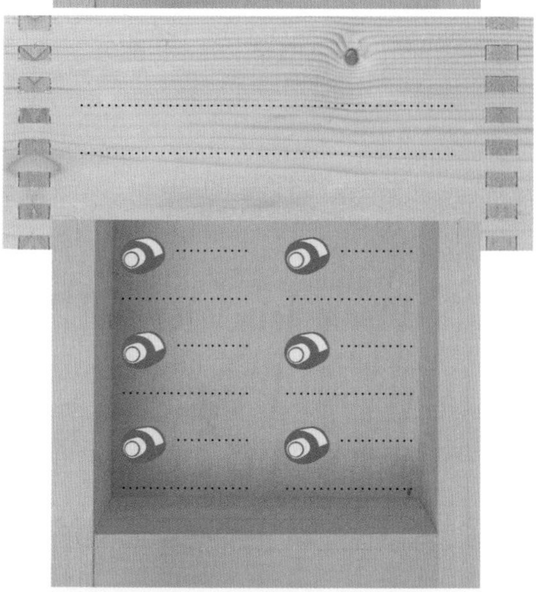

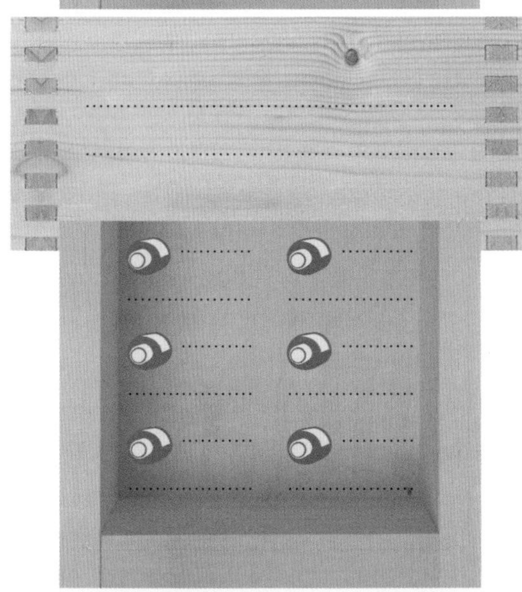

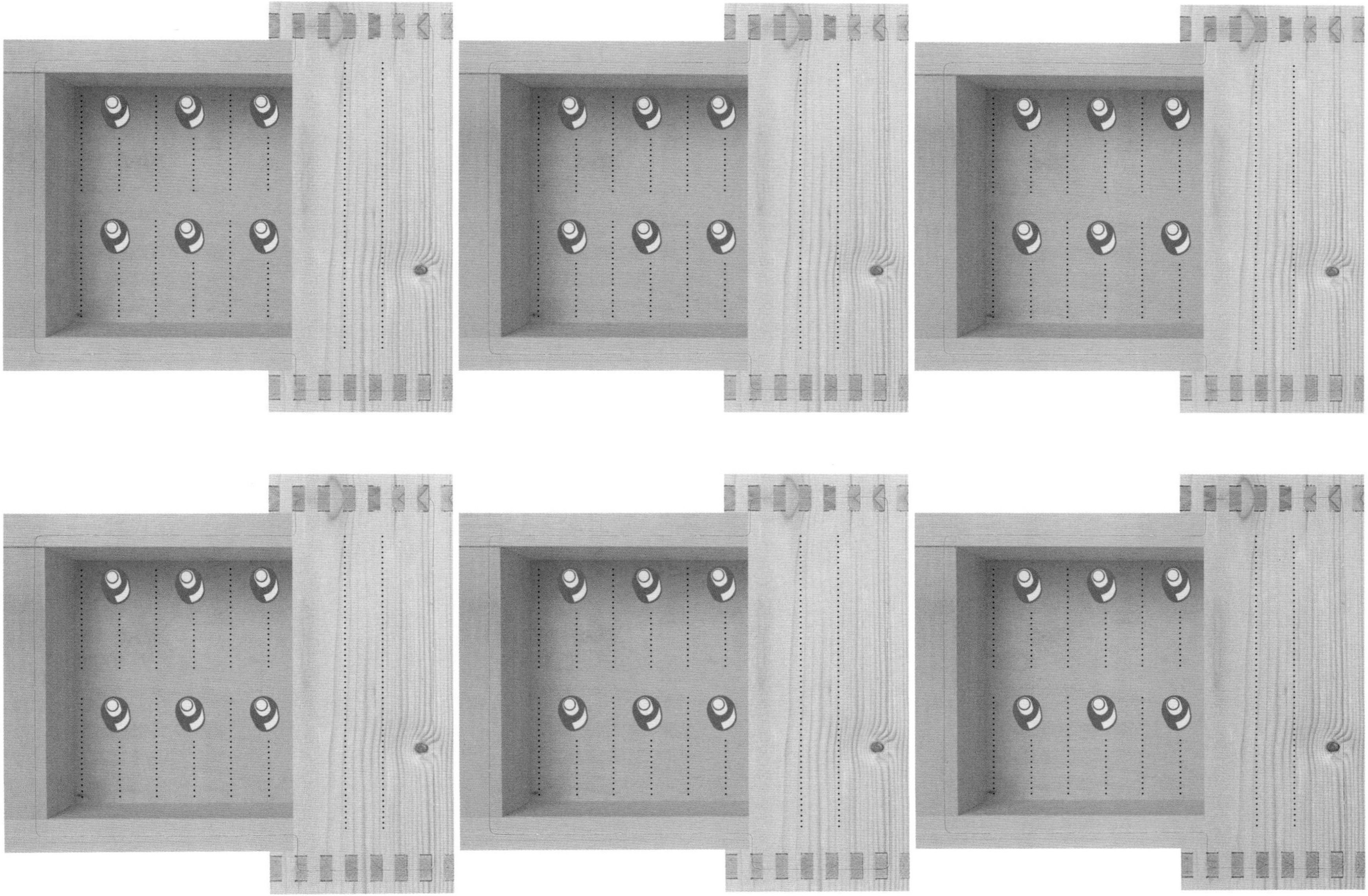

72 CARTÕES DESTACÁVEIS PARA FAZER O INVENTÁRIO DA ADEGA

72 CARTÕES DESTACÁVEIS PARA FAZER O INVENTÁRIO DA ADEGA

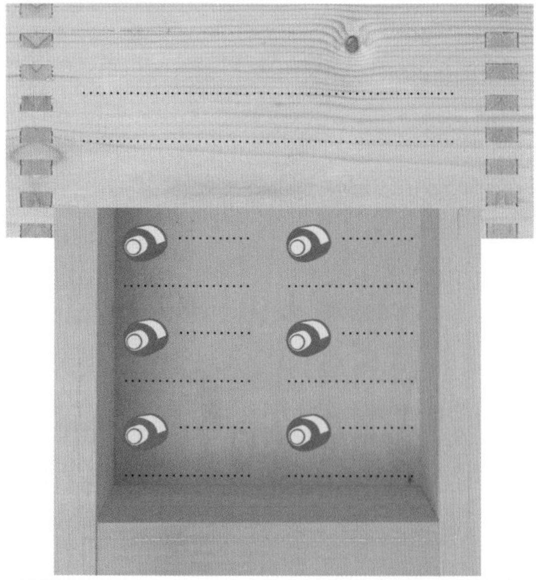

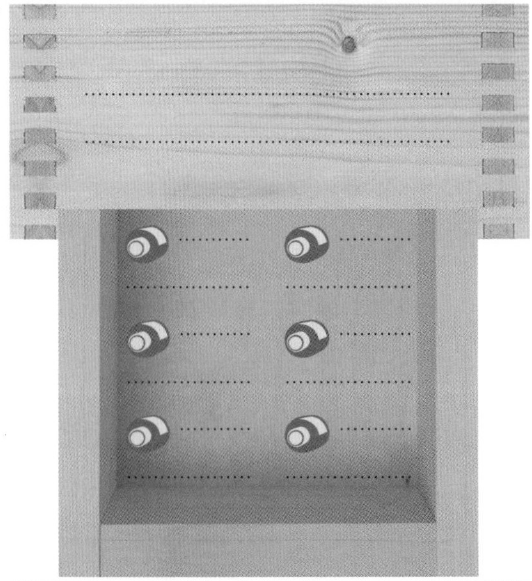

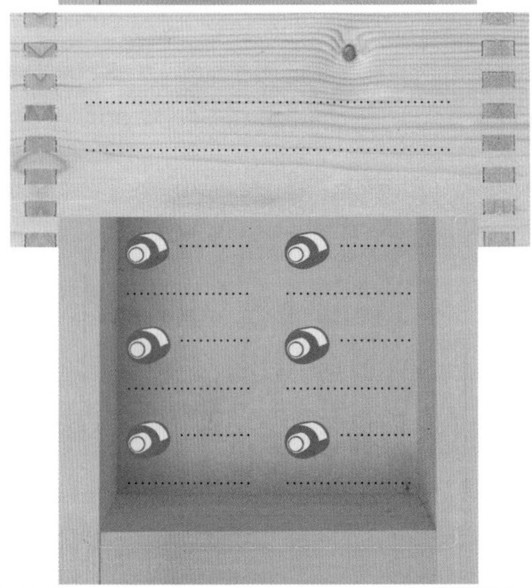

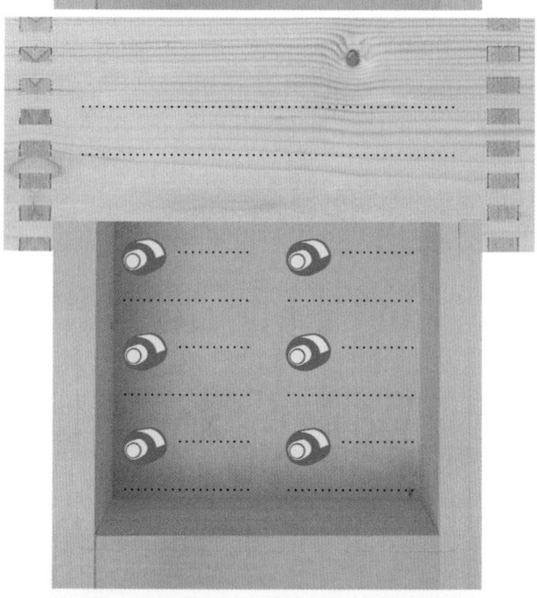

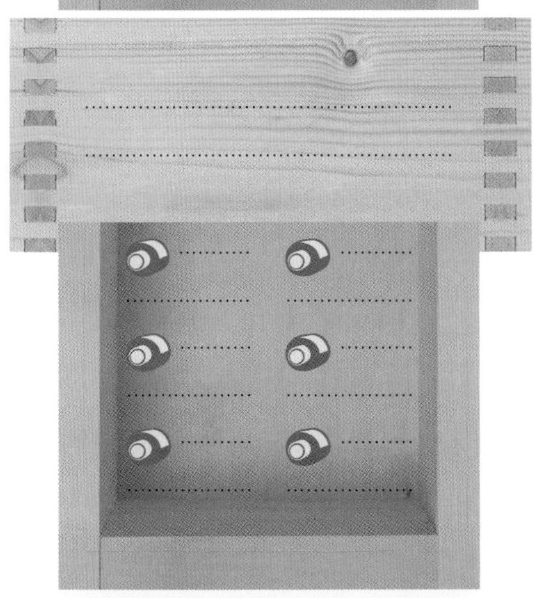

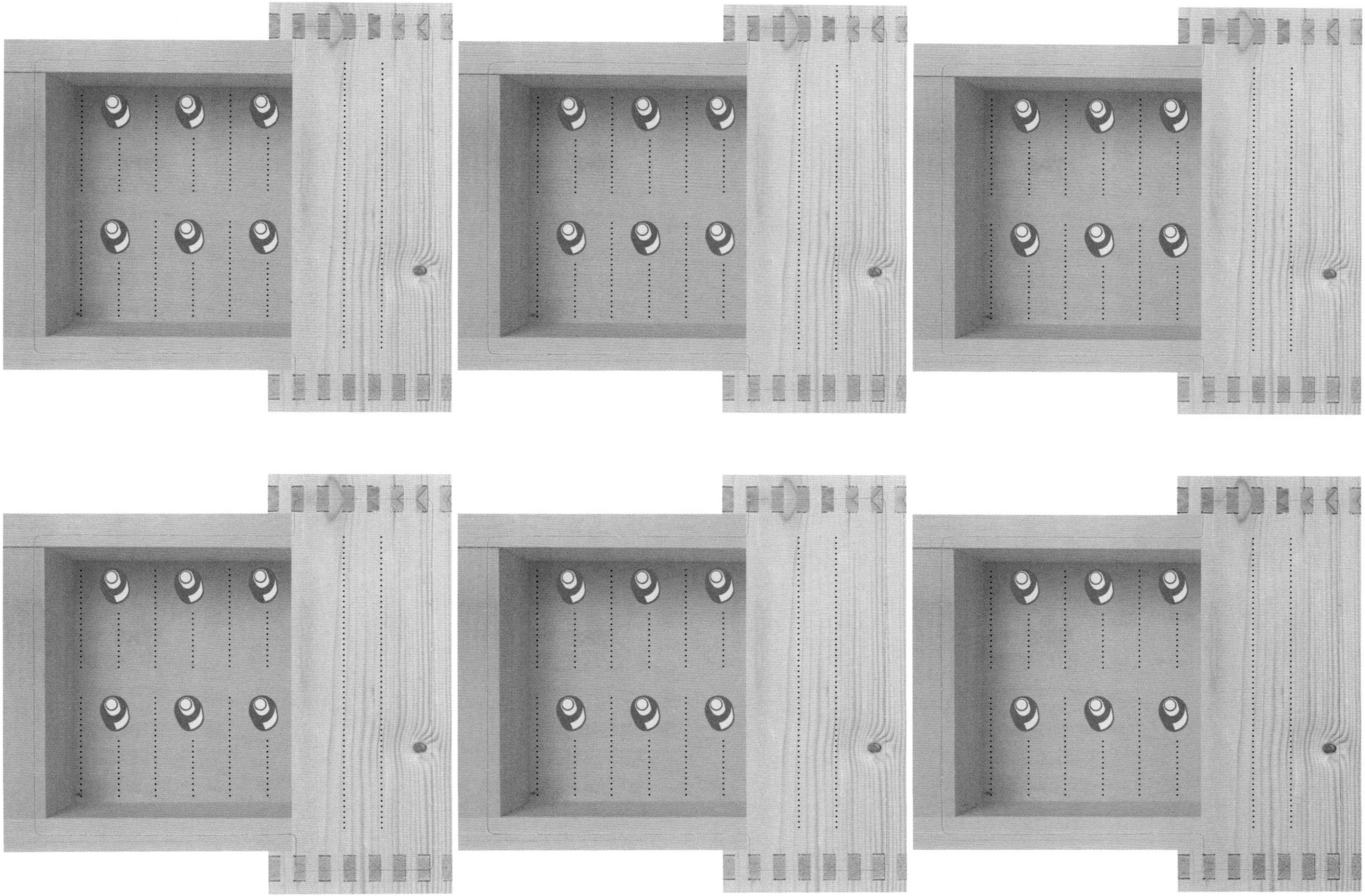

72 CARTÕES DESTACÁVEIS PARA FAZER O INVENTÁRIO DA ADEGA

72 CARTÕES DESTACÁVEIS PARA FAZER O INVENTÁRIO DA ADEGA

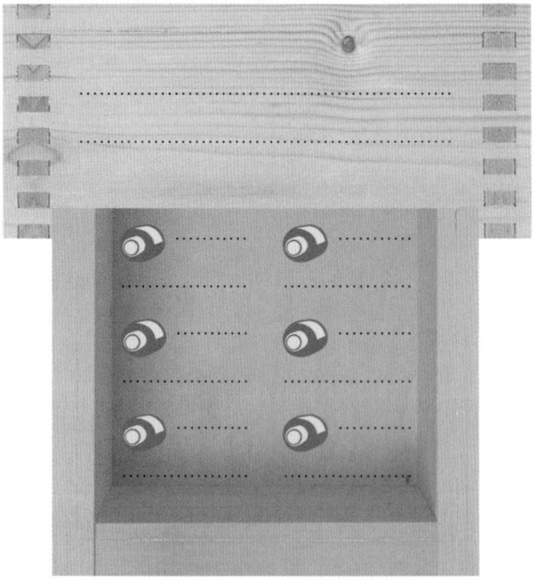

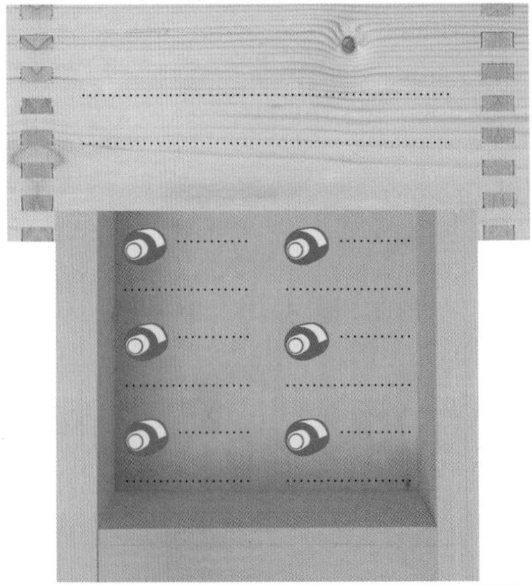

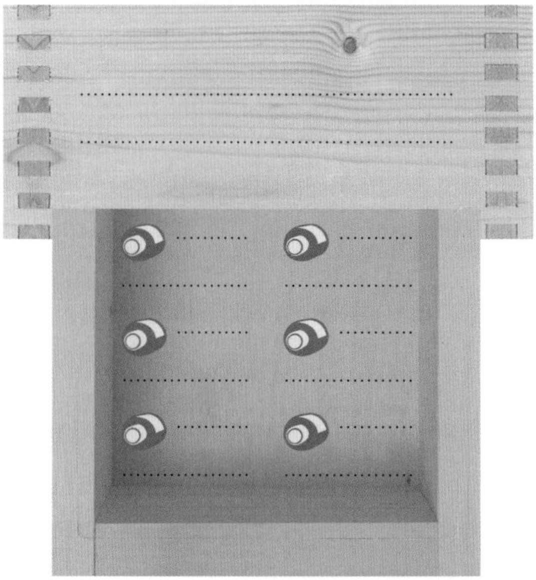

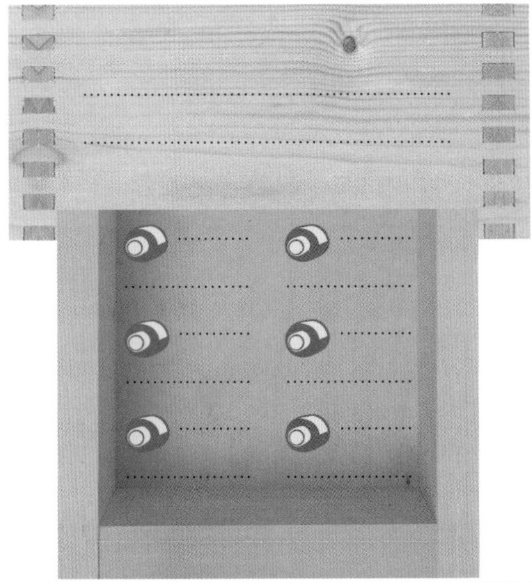

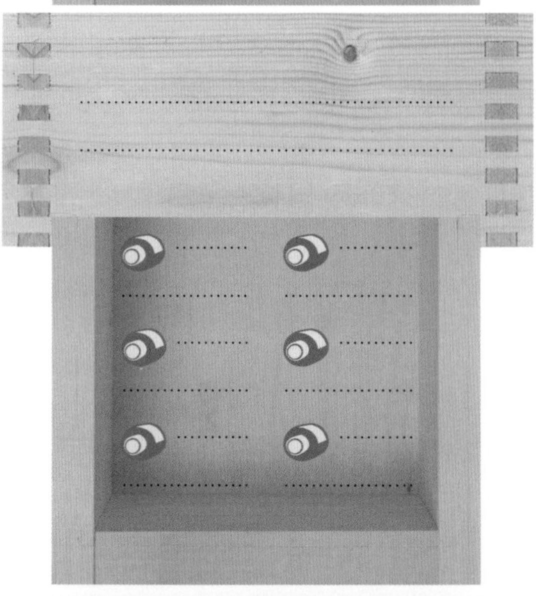

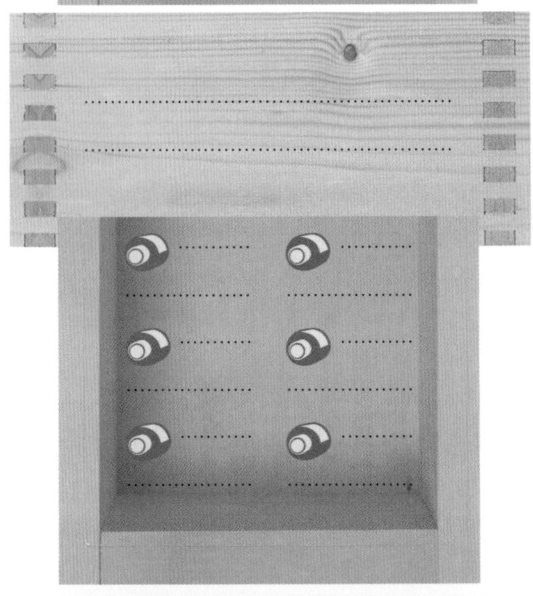

72 CARTÕES DESTACÁVEIS PARA FAZER O INVENTÁRIO DA ADEGA

72 CARTÕES DESTACÁVEIS PARA FAZER O INVENTÁRIO DA ADEGA

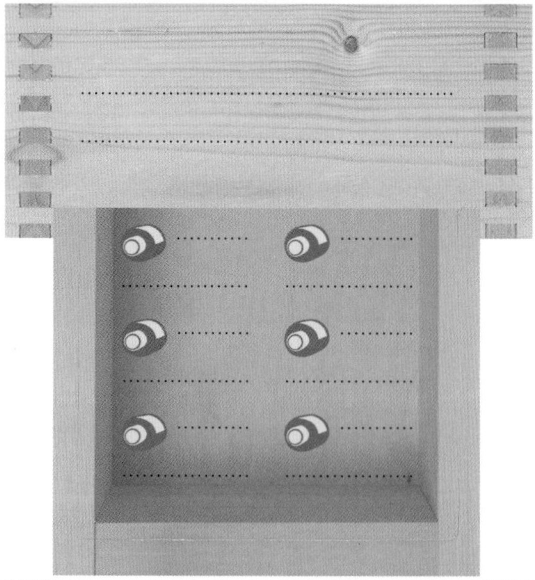

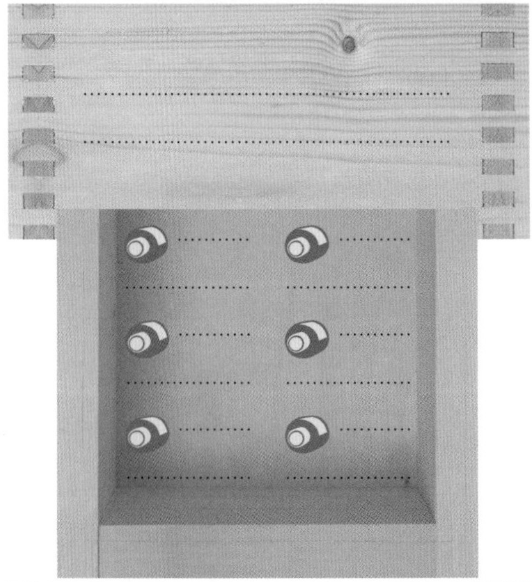

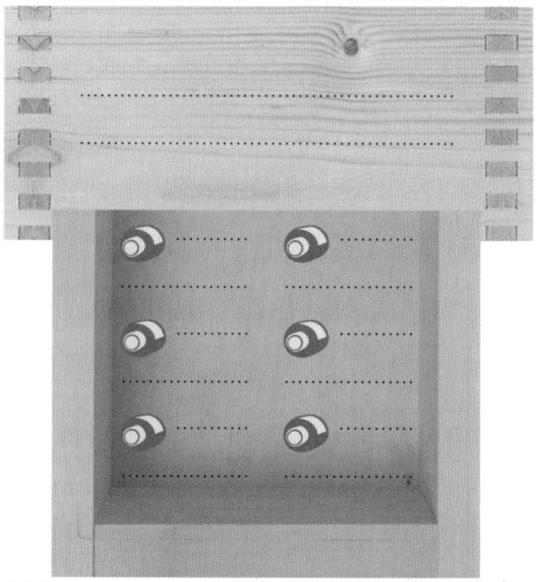

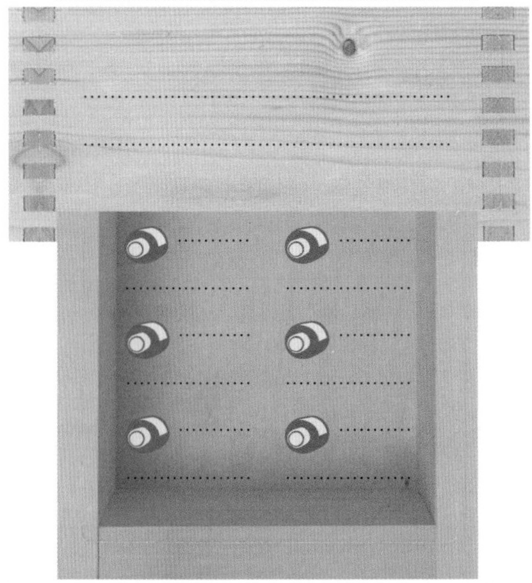

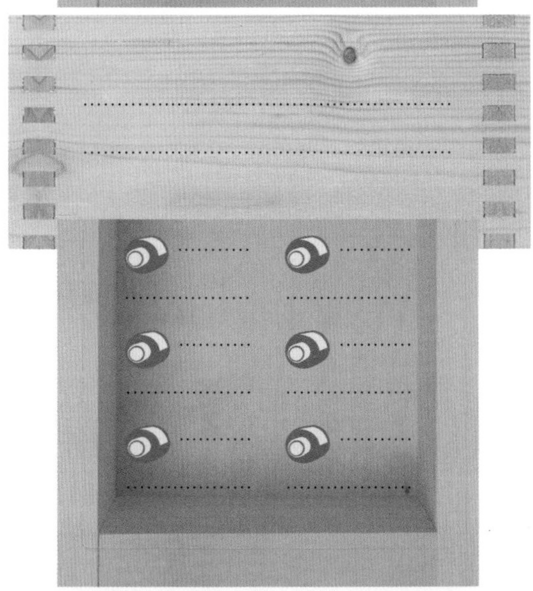

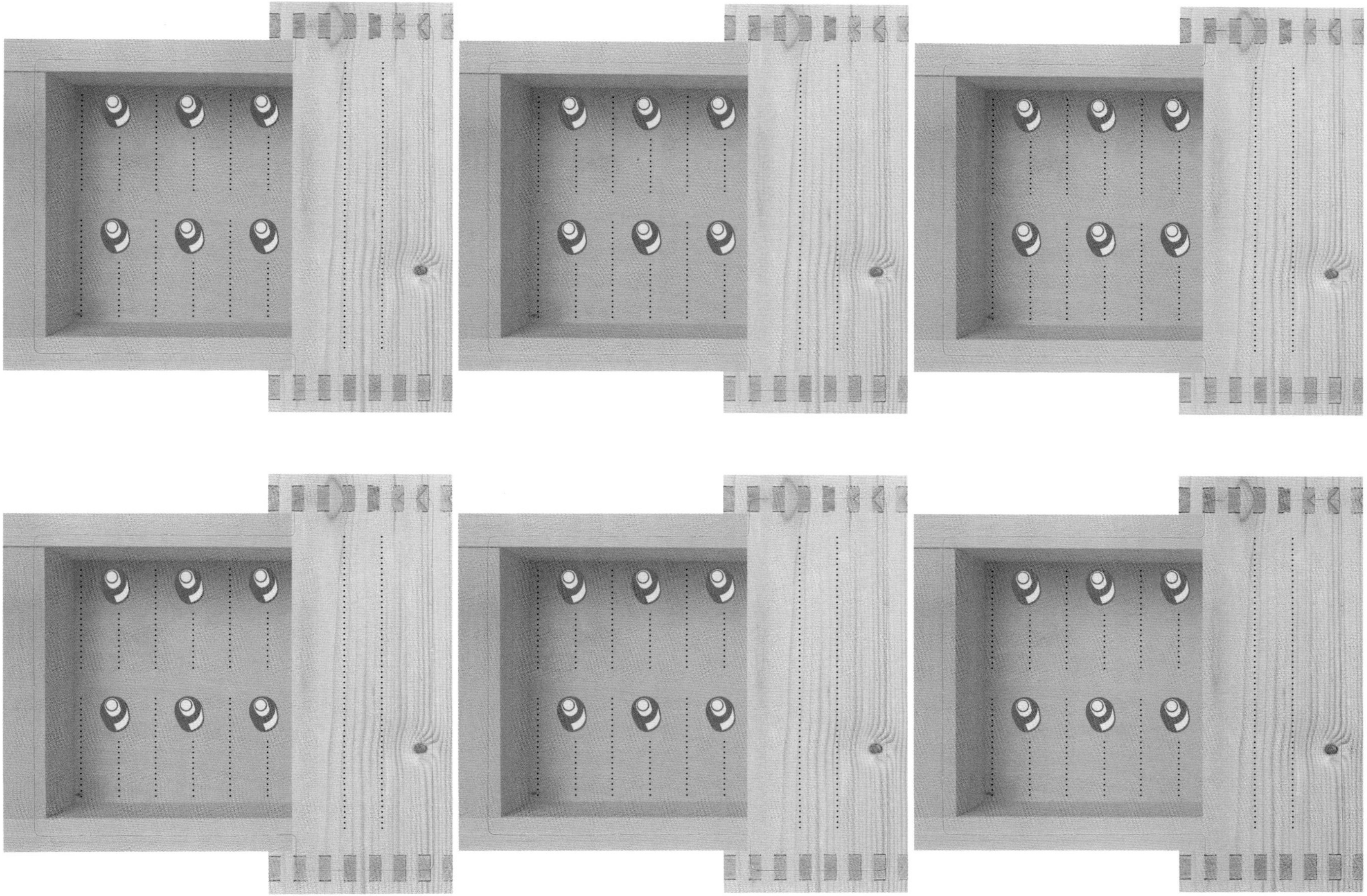

72 CARTÕES DESTACÁVEIS PARA FAZER O INVENTÁRIO DA ADEGA

72 CARTÕES DESTACÁVEIS PARA FAZER O INVENTÁRIO DA ADEGA

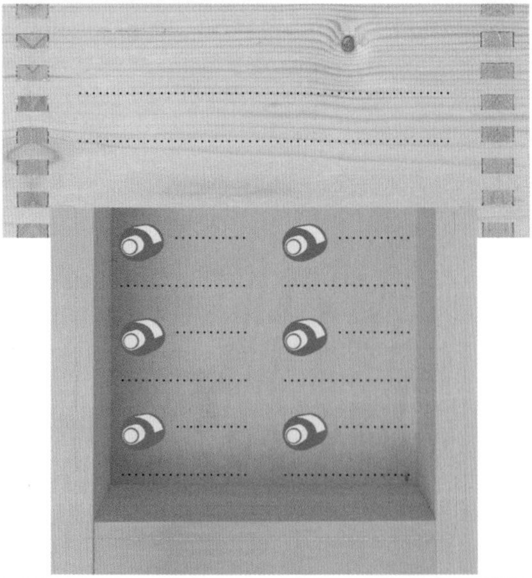

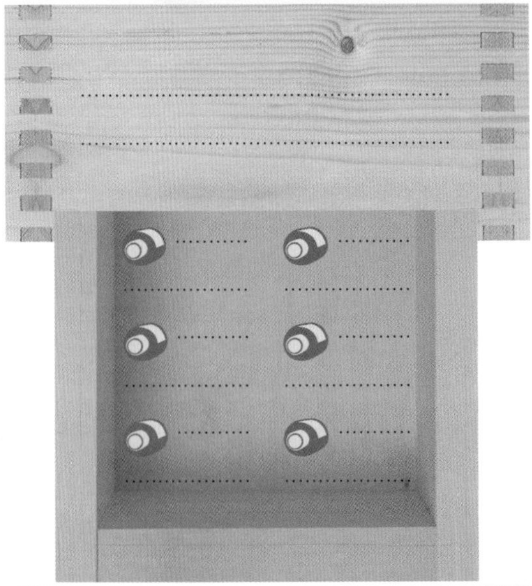

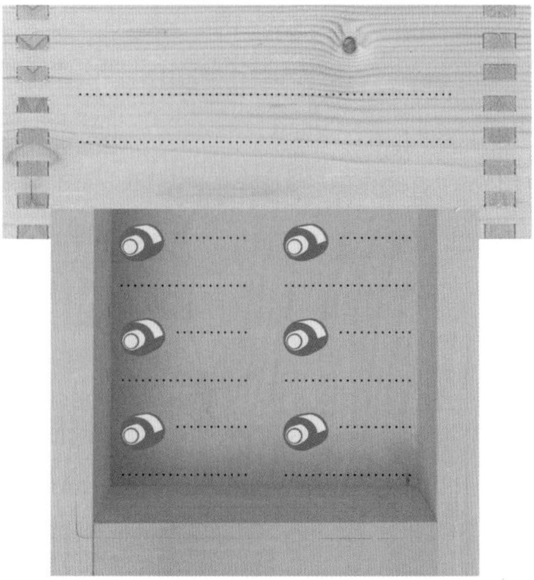

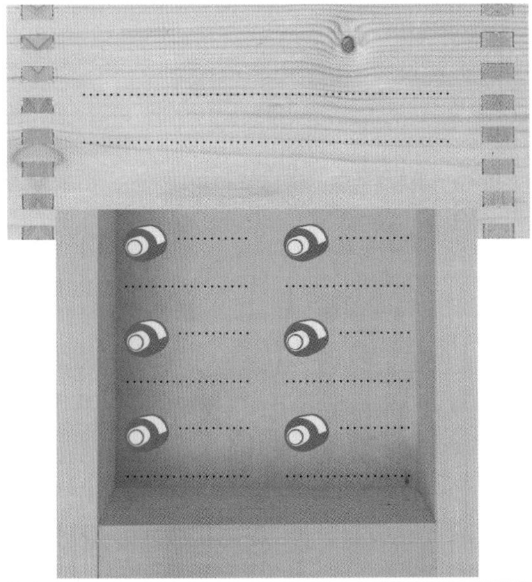

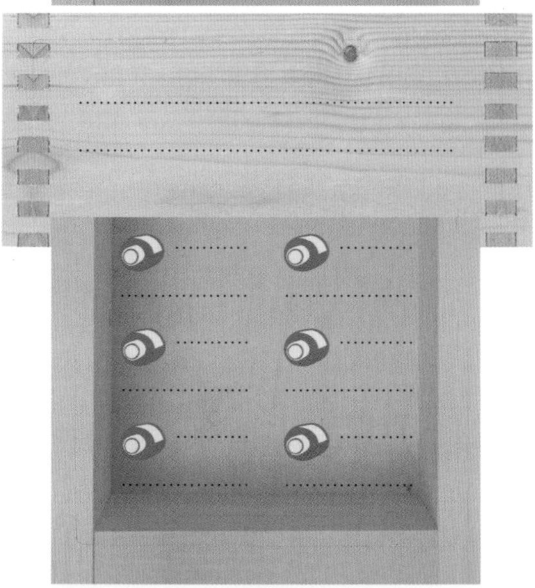

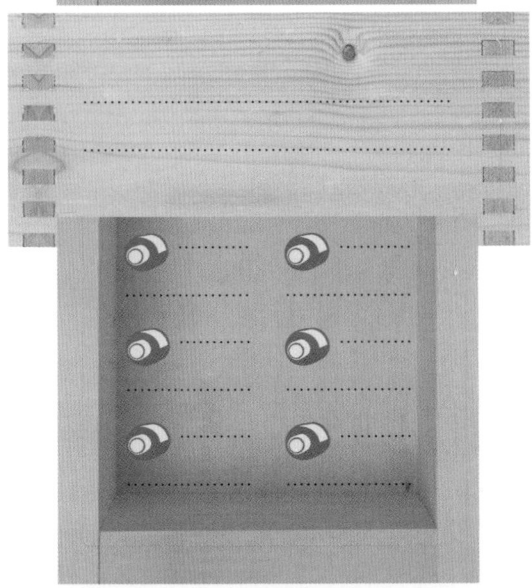

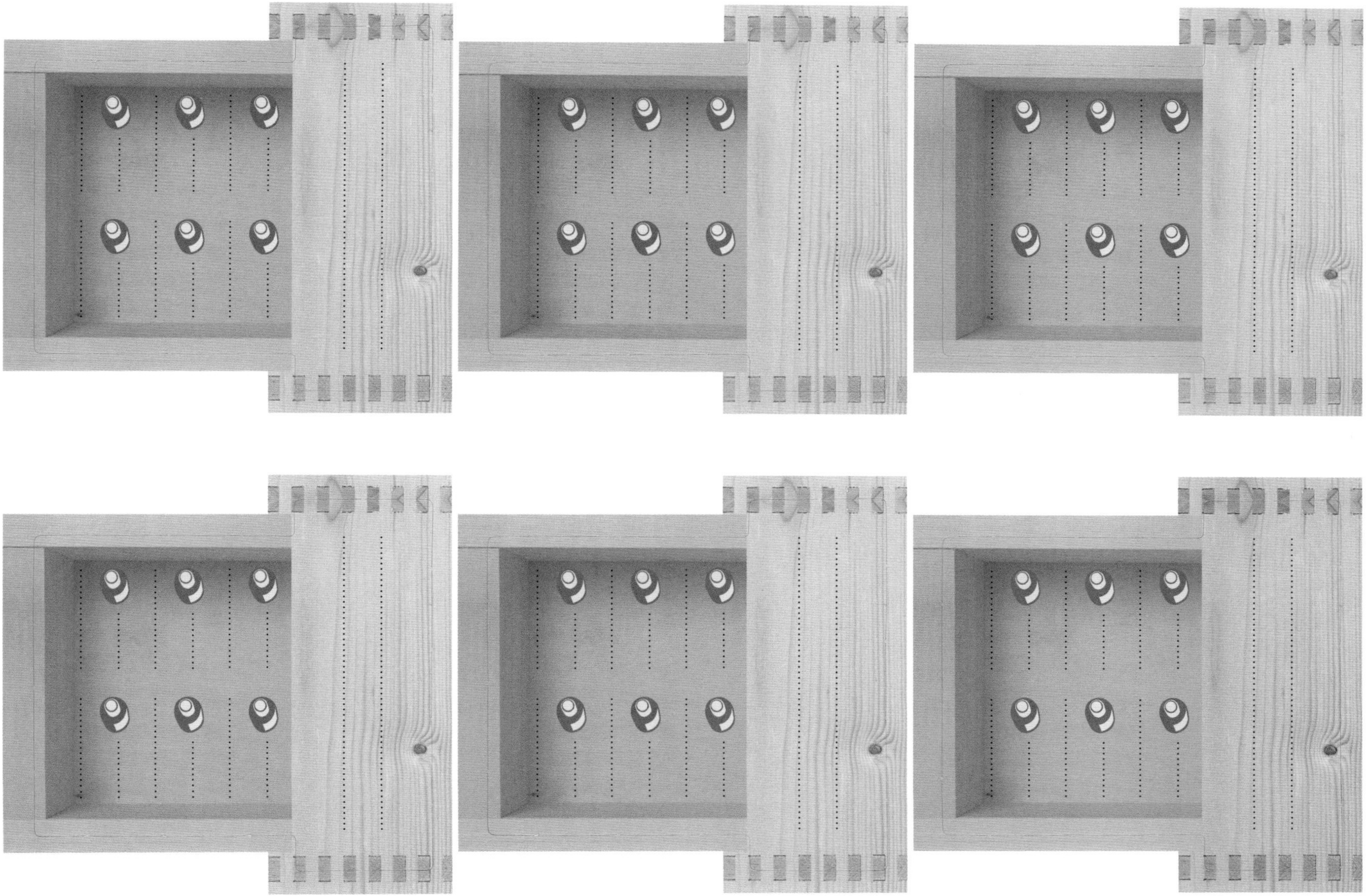

72 CARTÕES DESTACÁVEIS PARA FAZER O INVENTÁRIO DA ADEGA

72 CARTÕES DESTACÁVEIS PARA FAZER O INVENTÁRIO DA ADEGA

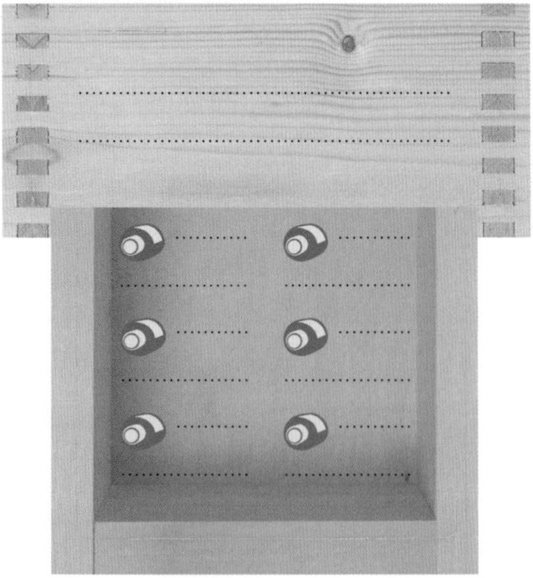

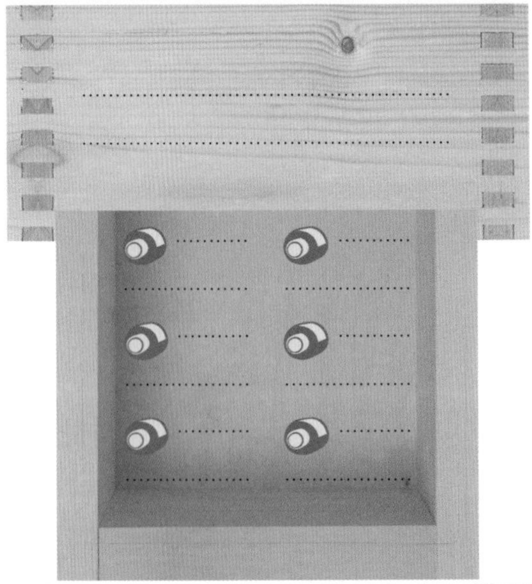

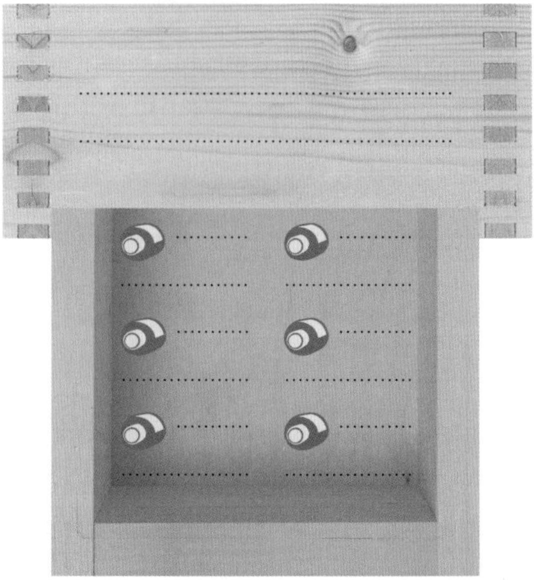

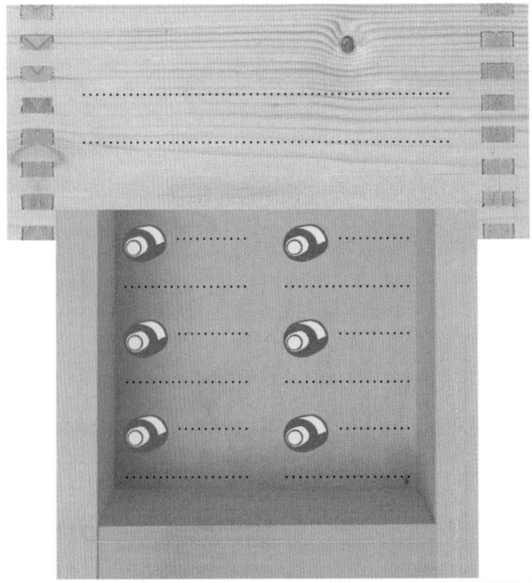

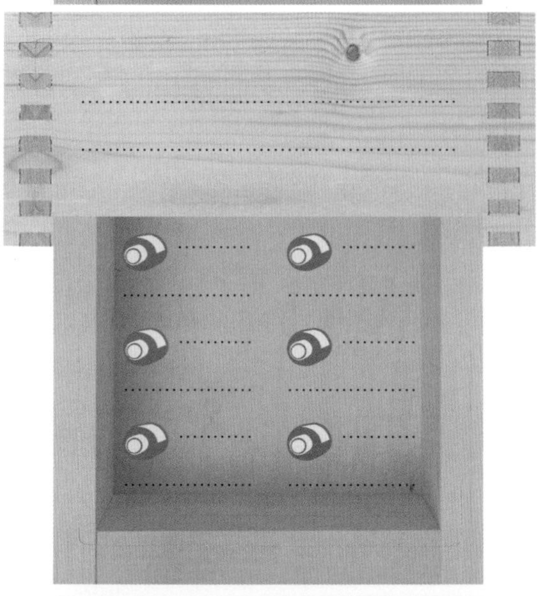

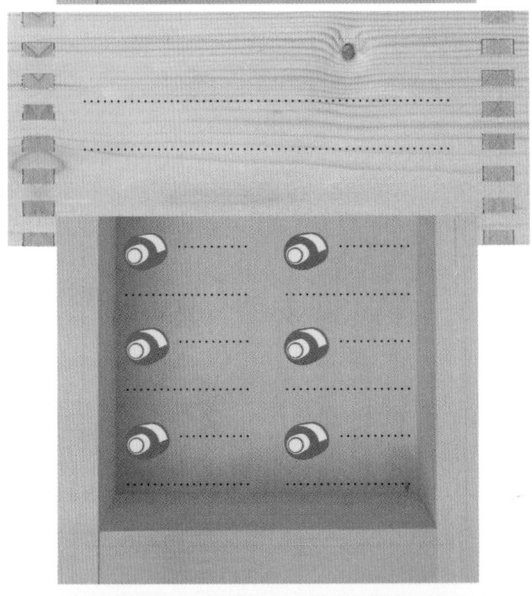

72 CARTÕES DESTACÁVEIS PARA FAZER O INVENTÁRIO DA ADEGA

72 CARTÕES DESTACÁVEIS PARA FAZER O INVENTÁRIO DA ADEGA

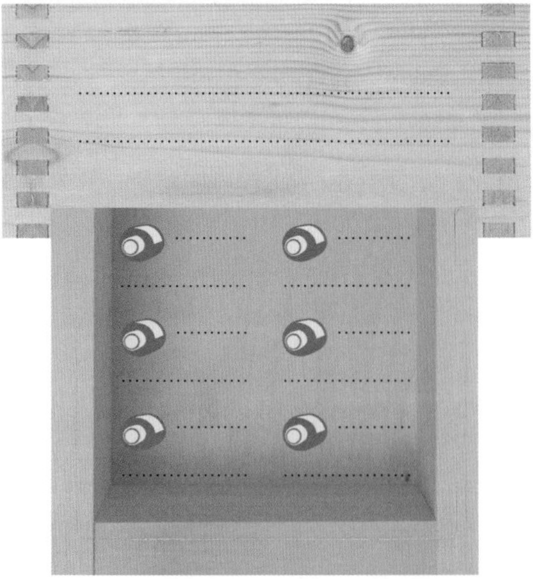

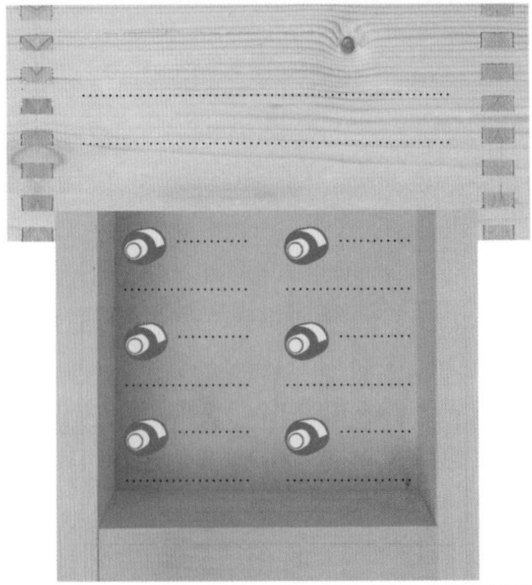

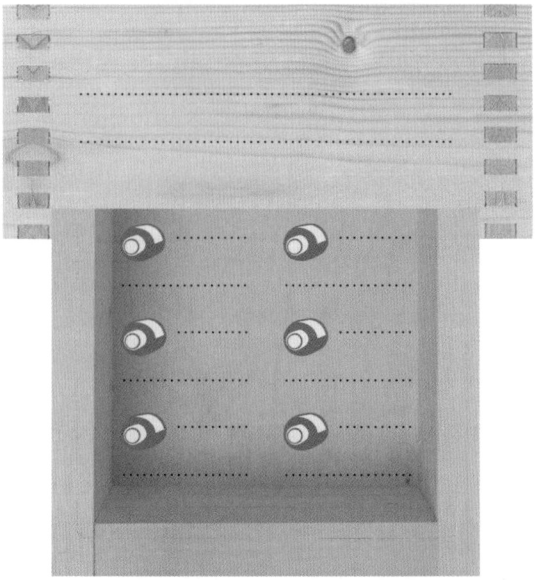

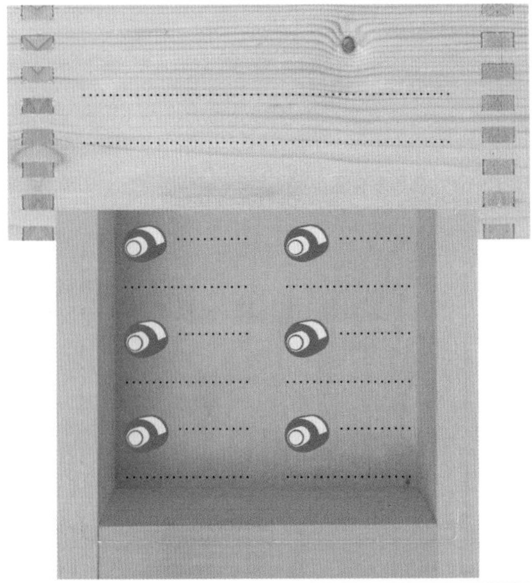

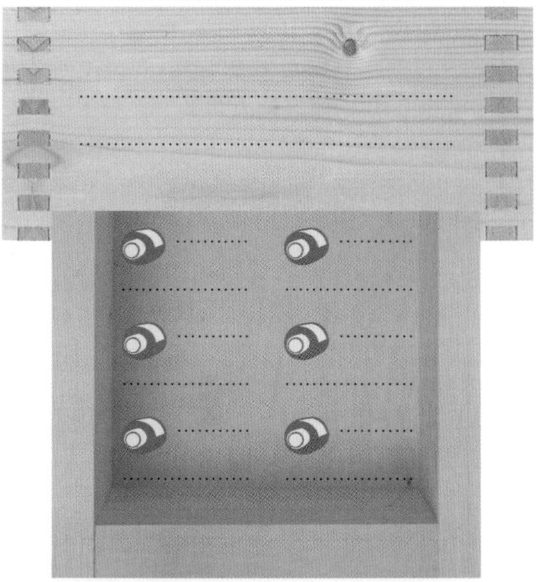

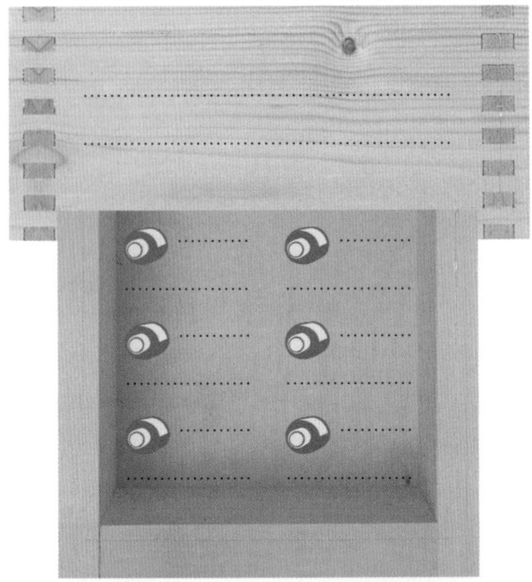

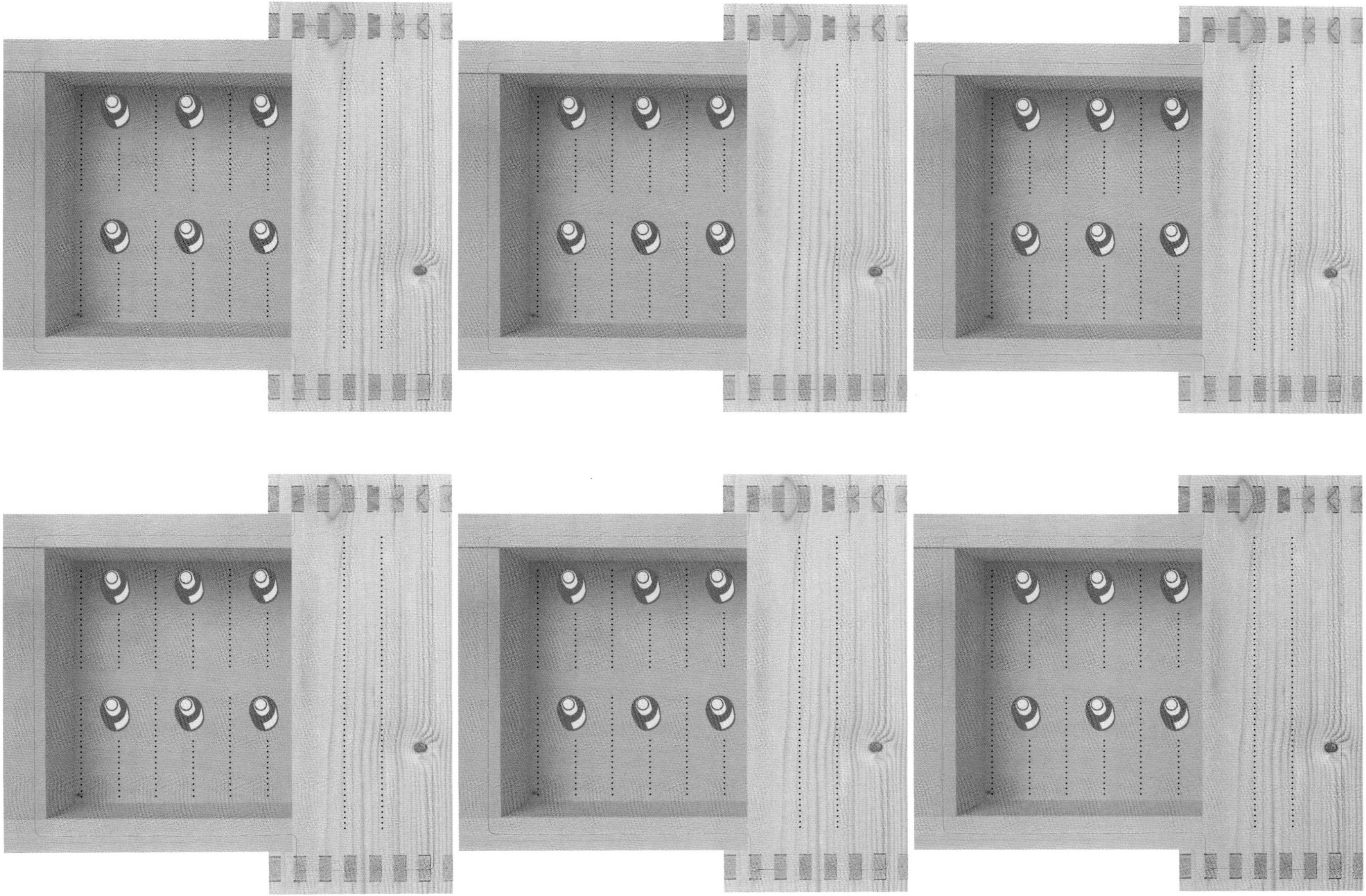

72 CARTÕES DESTACÁVEIS PARA FAZER O INVENTÁRIO DA ADEGA

72 CARTÕES DESTACÁVEIS PARA FAZER O INVENTÁRIO DA ADEGA

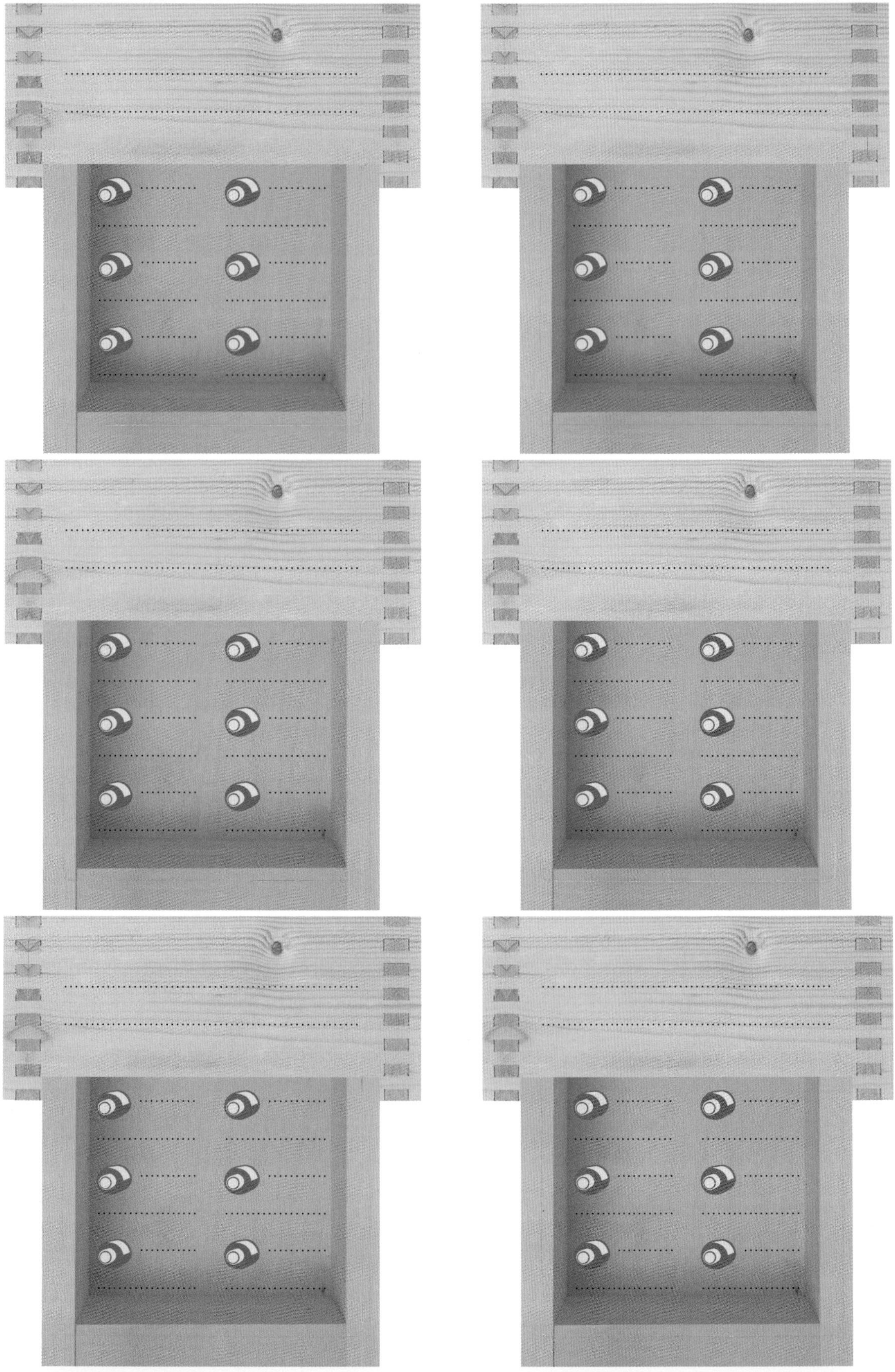

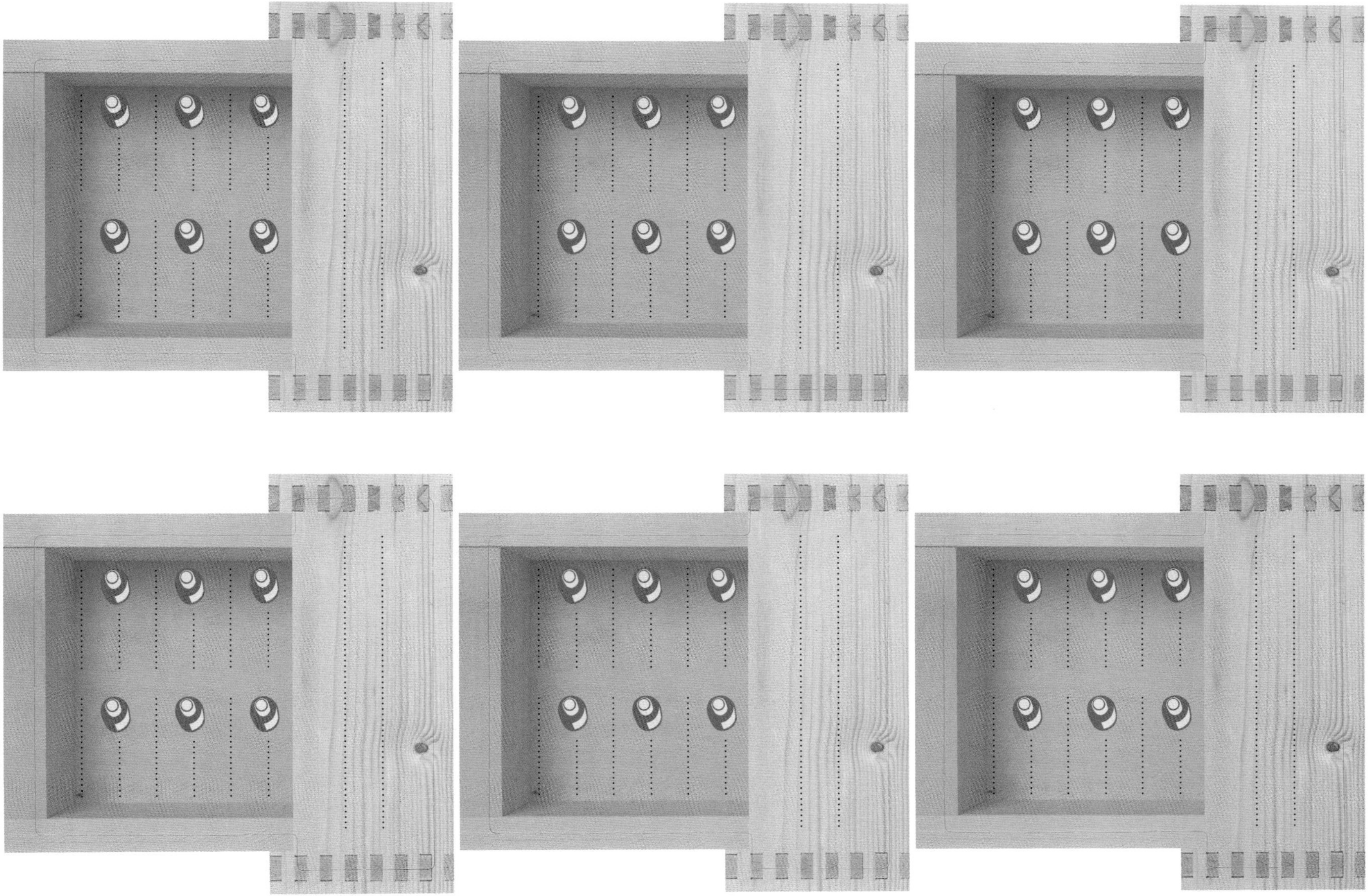

72 CARTÕES DESTACÁVEIS PARA FAZER O INVENTÁRIO DA ADEGA

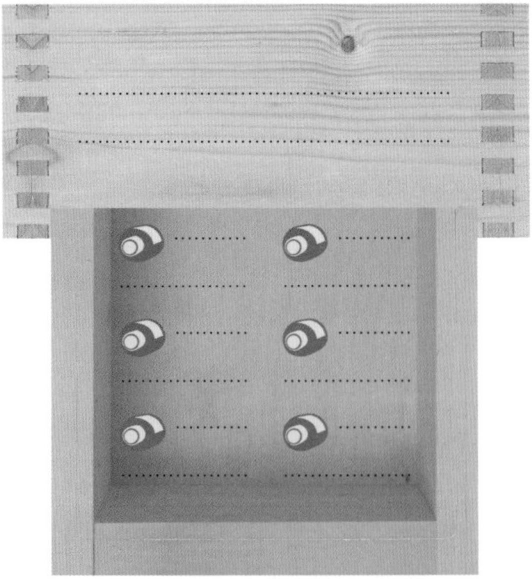

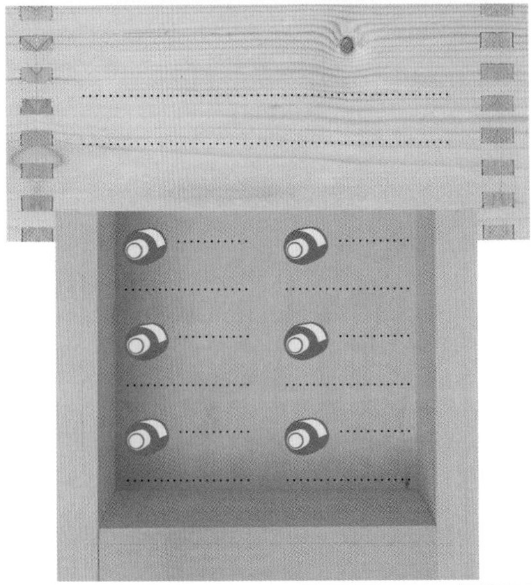

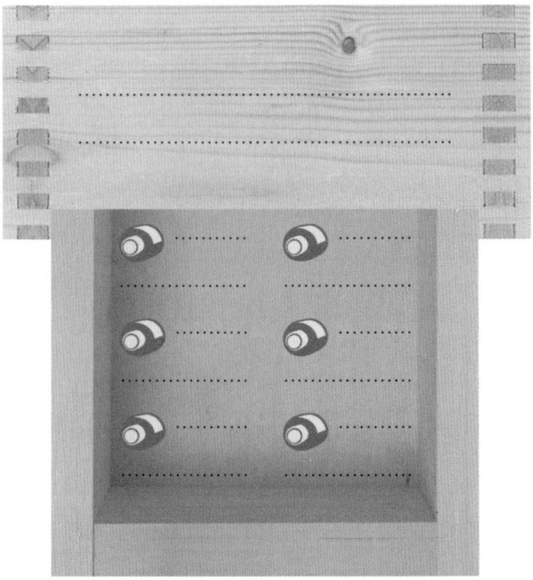

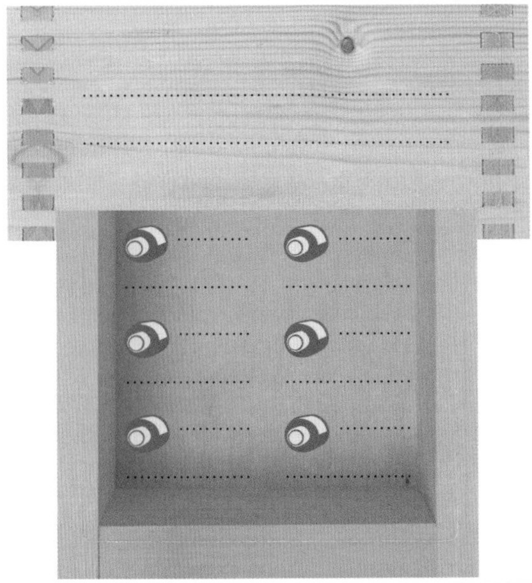

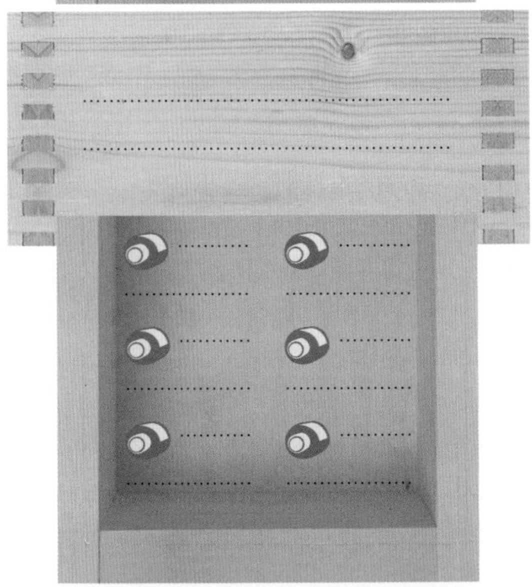

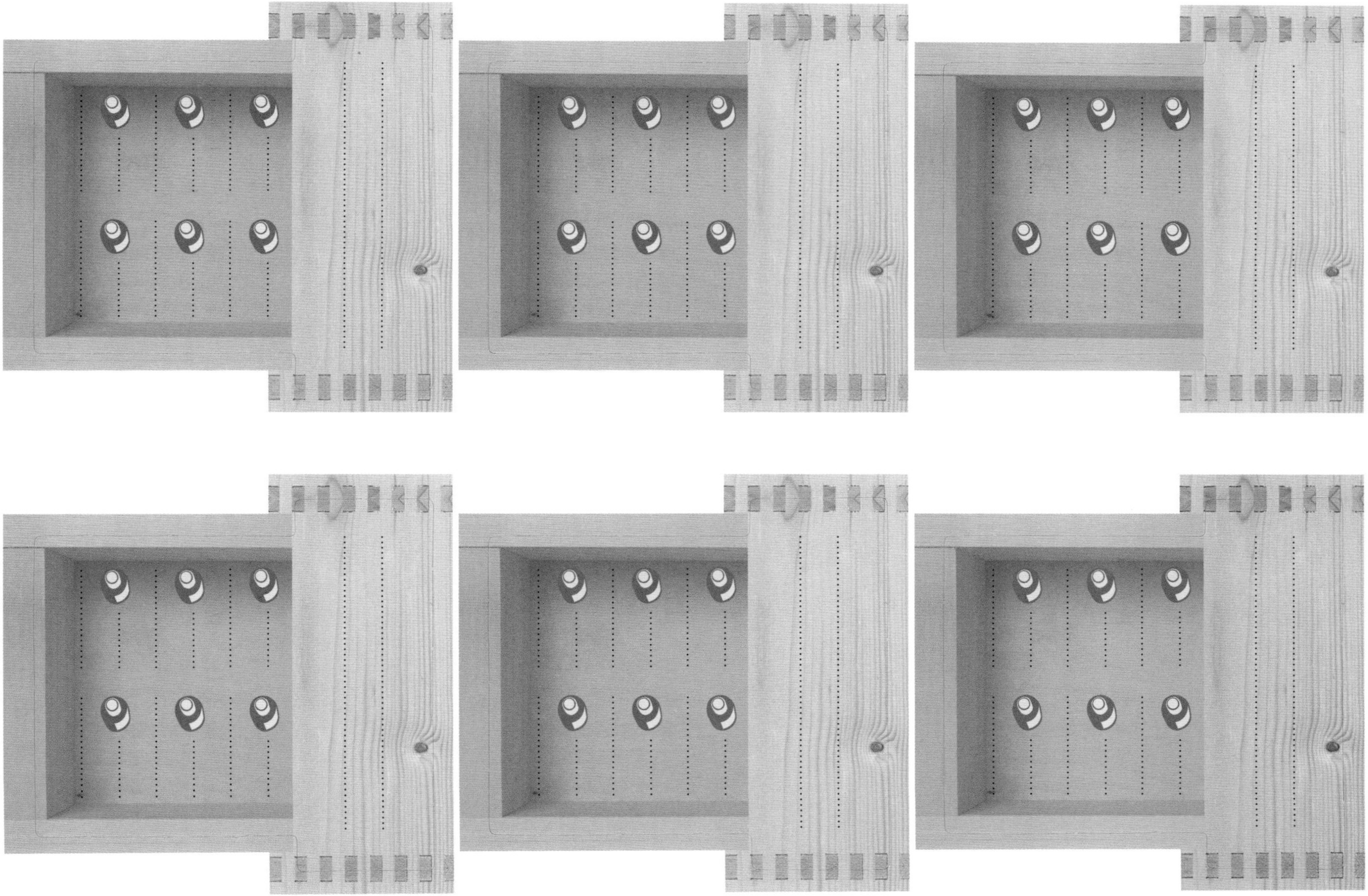

72 CARTÕES DESTACÁVEIS PARA FAZER O INVENTÁRIO DA ADEGA

72 CARTÕES DESTACÁVEIS PARA FAZER O INVENTÁRIO DA ADEGA

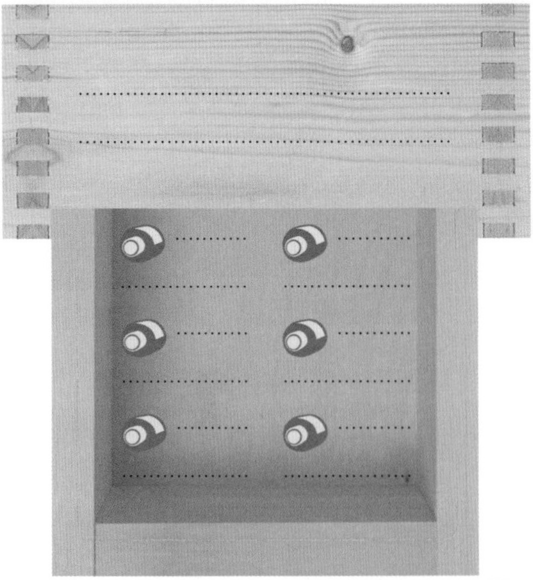

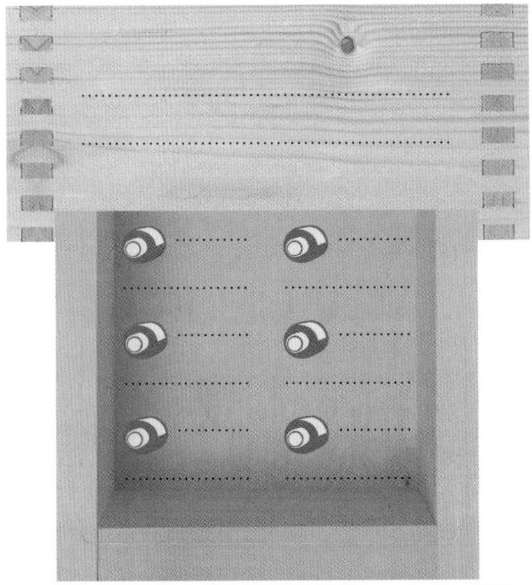

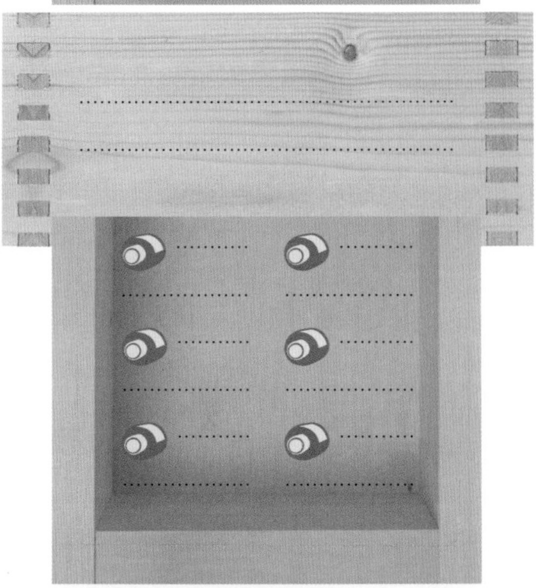

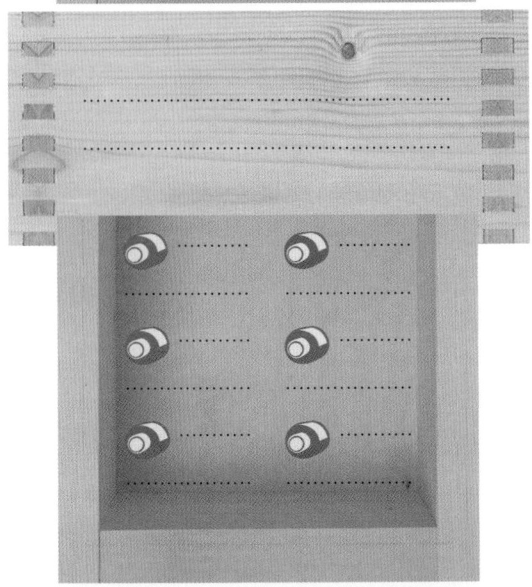

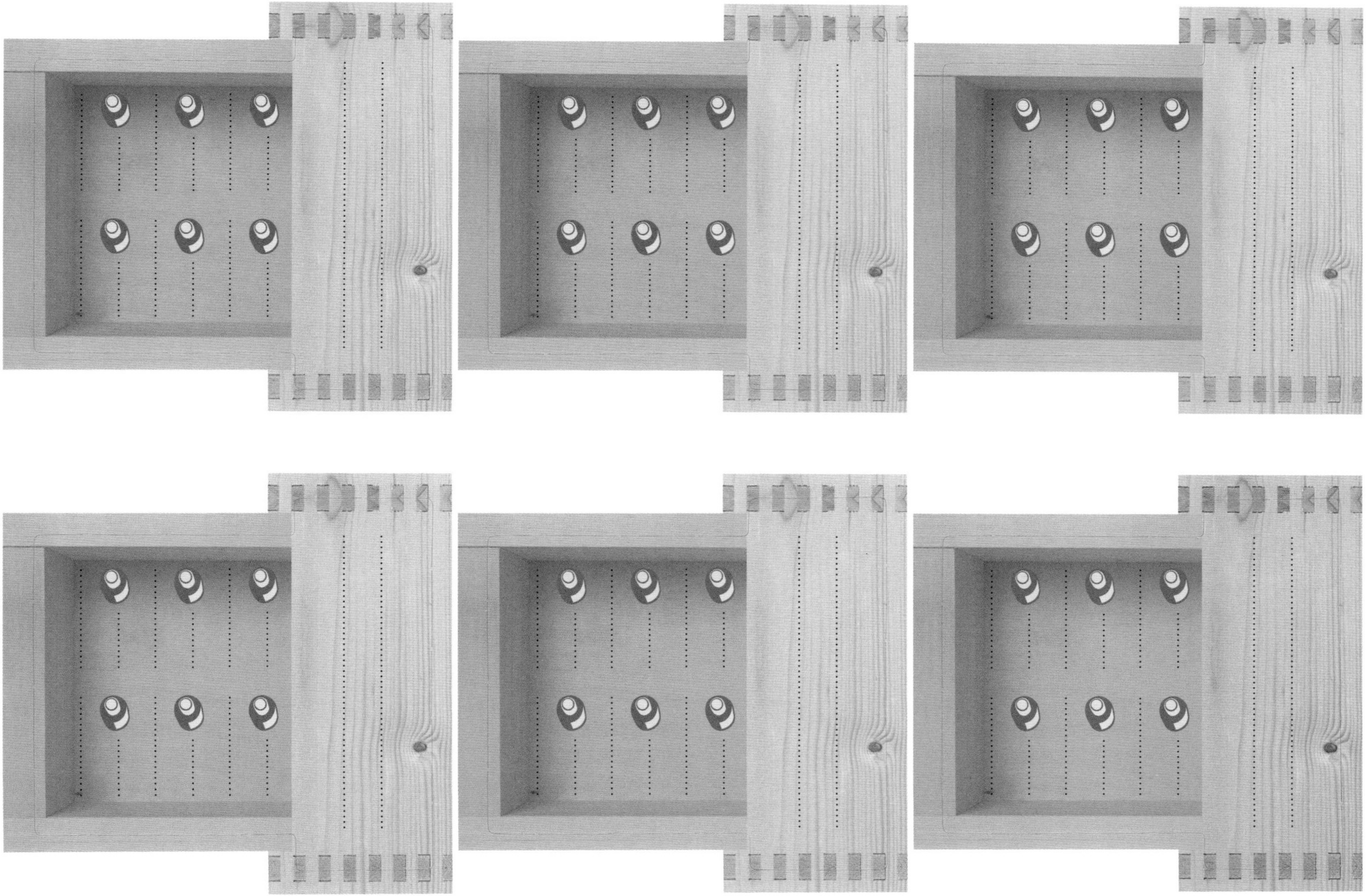

72 CARTÕES DESTACÁVEIS PARA FAZER O INVENTÁRIO DA ADEGA

72 CARTÕES DESTACÁVEIS PARA FAZER O INVENTÁRIO DA ADEGA

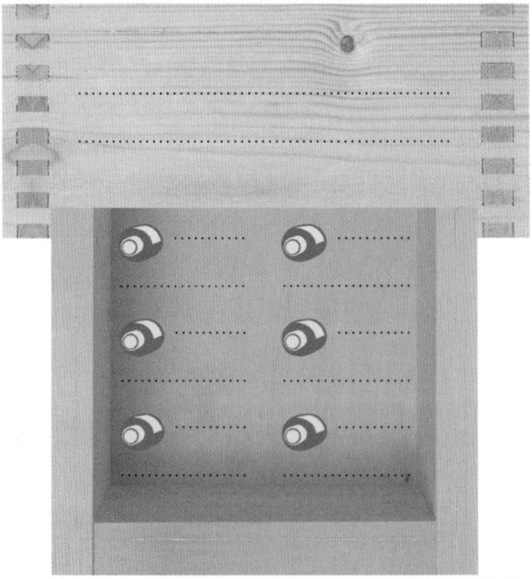

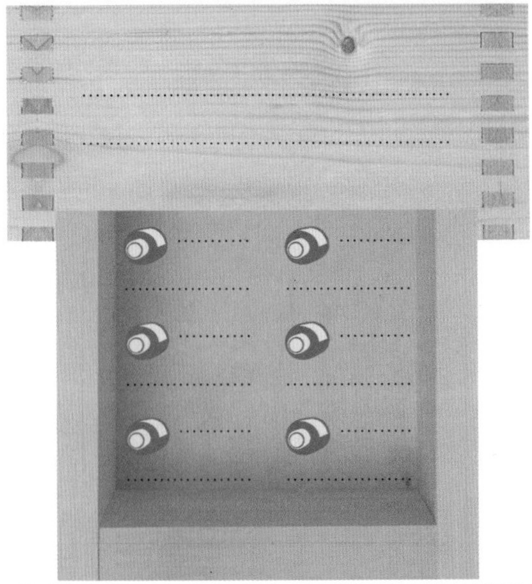

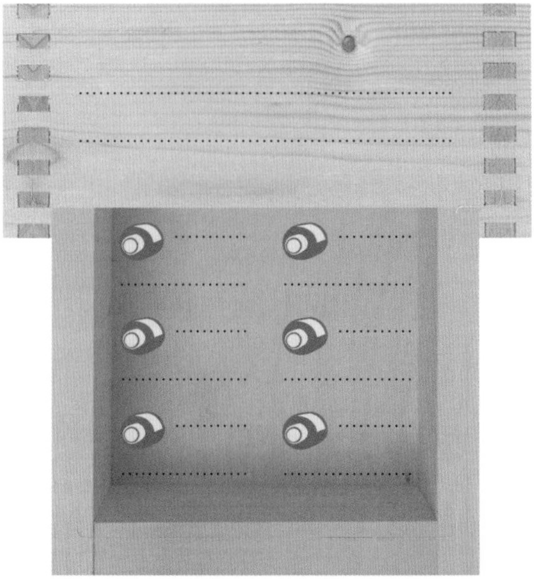

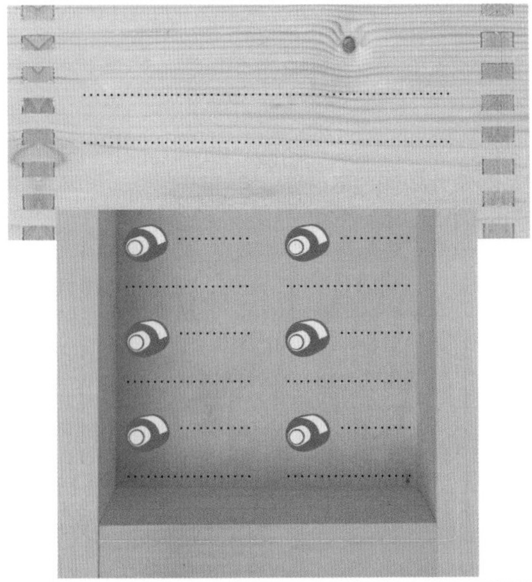

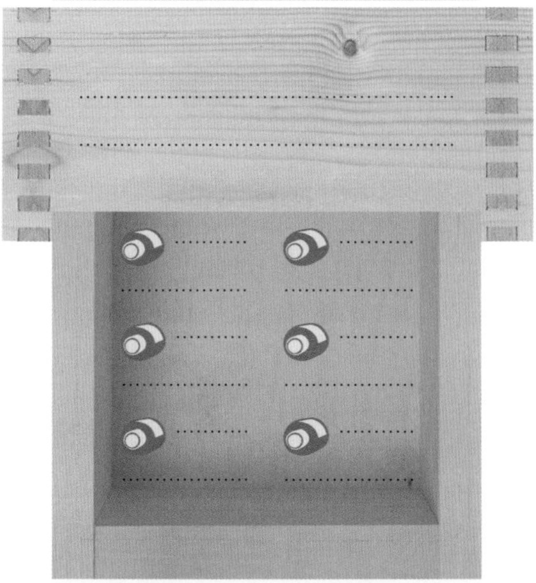

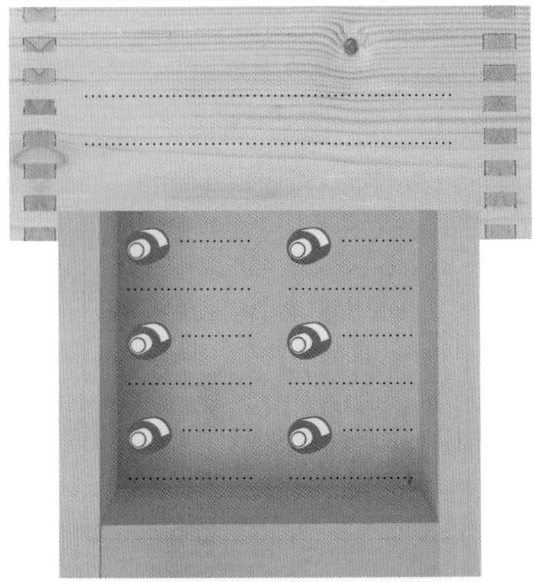

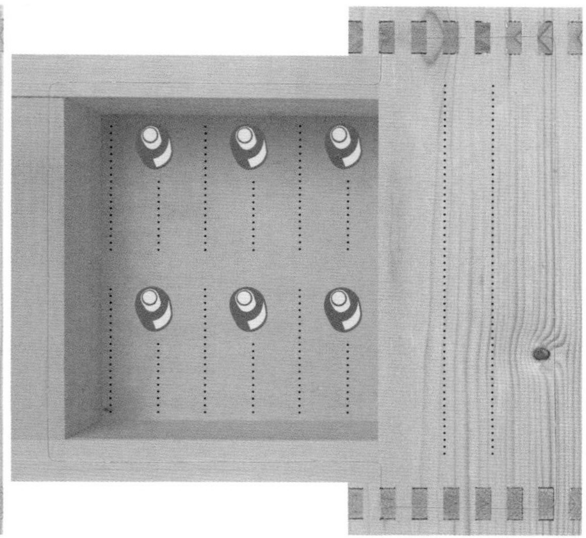

72 CARTÕES DESTACÁVEIS PARA FAZER O INVENTÁRIO DA ADEGA

72 CARTÕES DESTACÁVEIS PARA FAZER O INVENTÁRIO DA ADEGA

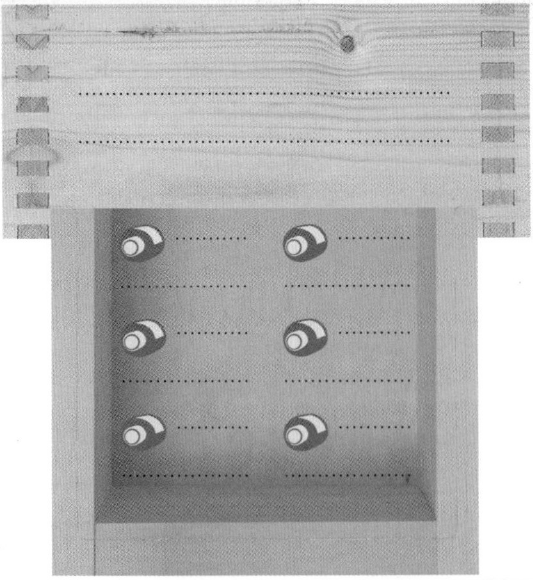

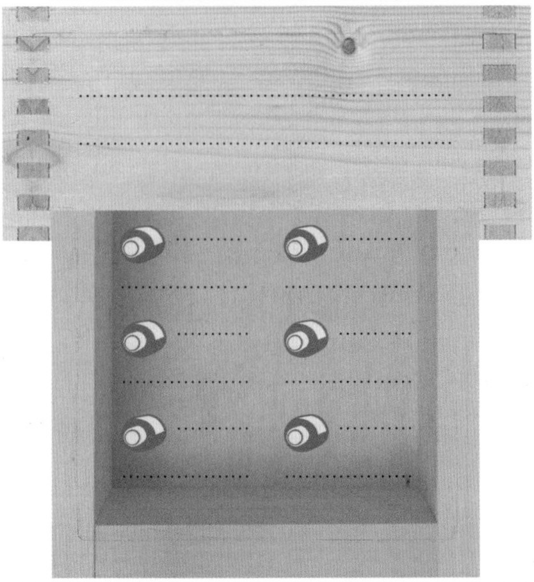

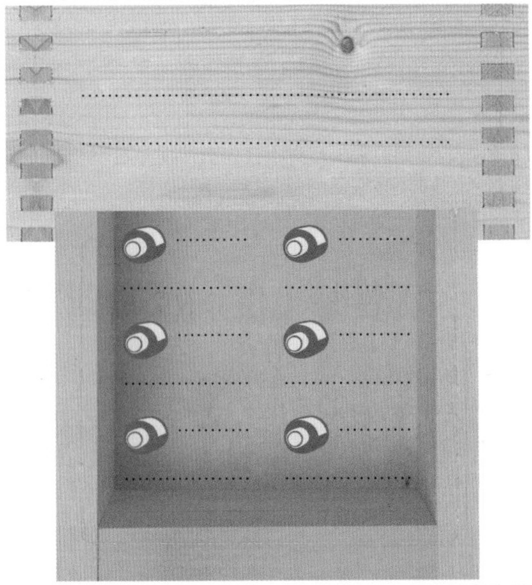

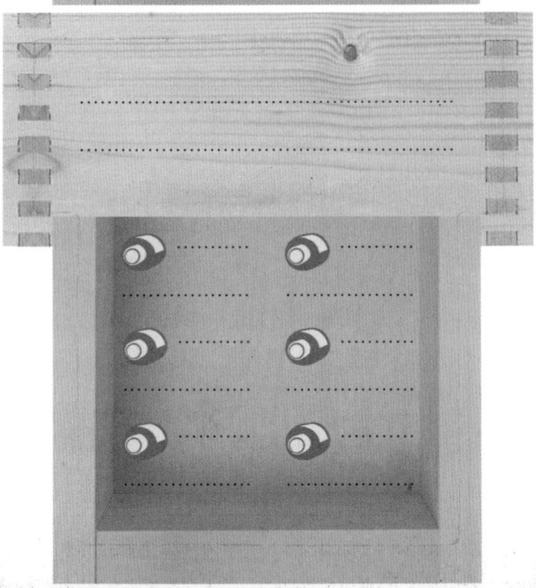

FICHAS DE ADEGA

LEGENDA

Vinho tinto tranquilo

Vinho tinto efervescente

Vinho branco tranquilo

Vinho rosado efervescente

Vinho rosado tranquilo

Vinho branco efervescente

Ficha nº.....

IDENTIDADE DO VINHO

Nome do vinho ....

Cuvée .... Safra ....

Apelação .... Região ....

Cepa ....

Tipo de vinho ☐ ☐ ☐ ☐ ☐ ☐

COMPRA

Lugar da compra .... Data da compra.................. Preço por garrafa ....

Produtor ou negociante ....

Endereço ....

Telefone .... Fax .... e-mail ....

GESTÃO DO VINHO

Quantidade e saldo:

1	2	3	4	5	6	7	8	9	10	11	12	13	14	15	16	17	18	19	20	21	22	23	24

Posicionamento ....

Para beber a partir de ....

Apogeu ....

Para beber antes de ....

DEGUSTAÇÃO DO VINHO

DEGUSTAÇÃO DO............

Com quem ....

Com o que ....

Nota ....

Comentários ....

....

....

....

DEGUSTAÇÃO DO............

Com quem ....

Com o que ....

Nota ....

Comentários ....

....

....

....

Ficha n°.....

IDENTIDADE DO VINHO

Nome do vinho ....

Cuvée.. Safra ....

Apelação .... Região..

Cepa ....

Tipo de vinho

COMPRA

Lugar da compra .... Data da compra.................. Preço por garrafa........................

Produtor ou negociante..

Endereço ....

Telefone .... Fax .... e-mail...

GESTÃO DO VINHO

Quantidade e saldo:

1	2	3	4	5	6	7	8	9	10	11	12	13	14	15	16	17	18	19	20	21	22	23	24

Posicionamento...

Para beber a partir de ....

Apogeu ....

Para beber antes de ....

DEGUSTAÇÃO DO VINHO

DEGUSTAÇÃO DO...........

Com quem..

Com o que..

Nota..

Comentários ....

....

....

....

DEGUSTAÇÃO DO...........

Com quem..

Com o que..

Nota..

Comentários ....

....

....

....

Ficha n°.....

IDENTIDADE DO VINHO

Nome do vinho ....

Cuvée .... Safra ....

Apelação .... Região ....

Cepa ....

Tipo de vinho ☐ ☐ ☐ ☐ ☐ ☐

COMPRA

Lugar da compra .... Data da compra.................. Preço por garrafa ....

Produtor ou negociante ....

Endereço ....

Telefone .... Fax .... e-mail ....

GESTÃO DO VINHO

Quantidade e saldo:

1	2	3	4	5	6	7	8	9	10	11	12	13	14	15	16	17	18	19	20	21	22	23	24

Posicionamento ....

Para beber a partir de ....

Apogeu ....

Para beber antes de ....

DEGUSTAÇÃO DO VINHO

DEGUSTAÇÃO DO...........

Com quem ....

Com o que ....

Nota ....

Comentários ....

....

....

....

DEGUSTAÇÃO DO...........

Com quem ....

Com o que ....

Nota ....

Comentários ....

....

....

....

Ficha n°.....

IDENTIDADE DO VINHO

Nome do vinho ....

Cuvée.. Safra ....

Apelação .... Região...

Cepa ....

Tipo de vinho ☐ ☐ ☐ ☐ ☐ ☐

COMPRA

Lugar da compra .... Data da compra.................. Preço por garrafa......................

Produtor ou negociante ....

Endereço ....

Telefone .... Fax .... e-mail...

GESTÃO DO VINHO

Quantidade e saldo:

1	2	3	4	5	6	7	8	9	10	11	12	13	14	15	16	17	18	19	20	21	22	23	24

Posicionamento..

Para beber a partir de ....

Apogeu ....

Para beber antes de ....

DEGUSTAÇÃO DO VINHO

DEGUSTAÇÃO DO...........

Com quem ....

Com o que..

Nota..

Comentários ....

....

....

....

DEGUSTAÇÃO DO...........

Com quem ....

Com o que..

Nota..

Comentários ....

....

....

....

Ficha n°.....

IDENTIDADE DO VINHO

Nome do vinho ....

Cuvée .... Safra ....

Apelação .... Região ....

Cepa ....

Tipo de vinho ☐ ☐ ☐ ☐ ☐ ☐

COMPRA

Lugar da compra .... Data da compra.................. Preço por garrafa........................

Produtor ou negociante ....

Endereço ....

Telefone .... Fax .... e-mail ....

GESTÃO DO VINHO

Quantidade e saldo:

1	2	3	4	5	6	7	8	9	10	11	12	13	14	15	16	17	18	19	20	21	22	23	24

Posicionamento ....

Para beber a partir de ....

Apogeu ....

Para beber antes de ....

DEGUSTAÇÃO DO VINHO

DEGUSTAÇÃO DO............

Com quem ....

Com o que ....

Nota..

Comentários ....

....

....

....

DEGUSTAÇÃO DO............

Com quem ....

Com o que ....

Nota..

Comentários ....

....

....

....

Ficha n°.....

IDENTIDADE DO VINHO

Nome do vinho ....

Cuvée.. Safra ....

Apelação .... Região...

Cepa..

Tipo de vinho ☐ ☐ ☐ ☐ ☐ ☐

COMPRA

Lugar da compra .... Data da compra.................. Preço por garrafa........................

Produtor ou negociante ....

Endereço ....

Telefone .... Fax .... e-mail...

GESTÃO DO VINHO

Quantidade e saldo:

1	2	3	4	5	6	7	8	9	10	11	12	13	14	15	16	17	18	19	20	21	22	23	24

Posicionamento..

Para beber a partir de ....

Apogeu ....

Para beber antes de ....

DEGUSTAÇÃO DO VINHO

DEGUSTAÇÃO DO............

Com quem...

Com o que...

Nota...

Comentários ....

....

....

....

DEGUSTAÇÃO DO............

Com quem...

Com o que...

Nota...

Comentários ....

....

....

....

Ficha n°.....

IDENTIDADE DO VINHO

Nome do vinho ....

Cuvée .... Safra ....

Apelação .... Região ....

Cepa ....

Tipo de vinho ☐ ☐ ☐ ☐ ☐ ☐

COMPRA

Lugar da compra .... Data da compra .... Preço por garrafa ....

Produtor ou negociante ....

Endereço ....

Telefone .... Fax .... e-mail ....

GESTÃO DO VINHO

Quantidade e saldo:

1	2	3	4	5	6	7	8	9	10	11	12	13	14	15	16	17	18	19	20	21	22	23	24

Posicionamento ....

Para beber a partir de ....

Apogeu ....

Para beber antes de ....

DEGUSTAÇÃO DO VINHO

DEGUSTAÇÃO DO...........

Com quem ....

Com o que ....

Nota ....

Comentários ....

....

....

....

DEGUSTAÇÃO DO...........

Com quem ....

Com o que ....

Nota ....

Comentários ....

....

....

....

Ficha nº.....

IDENTIDADE DO VINHO

Nome do vinho ....

Cuvée .... Safra ....

Apelação .... Região ....

Cepa ....

Tipo de vinho ☐ ☐ ☐ ☐ ☐ ☐

COMPRA

Lugar da compra .... Data da compra .... Preço por garrafa ....

Produtor ou negociante ....

Endereço ....

Telefone .... Fax .... e-mail ....

GESTÃO DO VINHO

Quantidade e saldo:

1	2	3	4	5	6	7	8	9	10	11	12	13	14	15	16	17	18	19	20	21	22	23	24

Posicionamento ....

Para beber a partir de ....

Apogeu ....

Para beber antes de ....

DEGUSTAÇÃO DO VINHO

DEGUSTAÇÃO DO...........

Com quem ....

Com o que ....

Nota ....

Comentários ....

....

....

....

DEGUSTAÇÃO DO...........

Com quem ....

Com o que ....

Nota ....

Comentários ....

....

....

....

Ficha n°.....

IDENTIDADE DO VINHO

Nome do vinho ....

Cuvée .... Safra ....

Apelação .... Região ....

Cepa ....

Tipo de vinho

COMPRA

Lugar da compra .... Data da compra .... Preço por garrafa ....

Produtor ou negociante ....

Endereço ....

Telefone .... Fax .... e-mail ....

GESTÃO DO VINHO

Quantidade e saldo:

1	2	3	4	5	6	7	8	9	10	11	12	13	14	15	16	17	18	19	20	21	22	23	24

Posicionamento ....

Para beber a partir de ....

Apogeu ....

Para beber antes de ....

DEGUSTAÇÃO DO VINHO

DEGUSTAÇÃO DO............

Com quem ....

Com o que ....

Nota ....

Comentários ....

....

....

....

DEGUSTAÇÃO DO............

Com quem ....

Com o que ....

Nota ....

Comentários ....

....

....

....

Ficha n°.....

IDENTIDADE DO VINHO

Nome do vinho ....

Cuvée.. Safra ....

Apelação .... Região...

Cepa ....

Tipo de vinho ☐ ☐ ☐ ☐ ☐ ☐

COMPRA

Lugar da compra .... Data da compra................. Preço por garrafa ....

Produtor ou negociante ....

Endereço ....

Telefone .... Fax .... e-mail ....

GESTÃO DO VINHO

Quantidade e saldo:

1	2	3	4	5	6	7	8	9	10	11	12	13	14	15	16	17	18	19	20	21	22	23	24

Posicionamento ....

Para beber a partir de ....

Apogeu ....

Para beber antes de ....

DEGUSTAÇÃO DO VINHO

DEGUSTAÇÃO DO...........

Com quem ....

Com o que..

Nota...

Comentários ....

....

....

....

DEGUSTAÇÃO DO...........

Com quem ....

Com o que..

Nota...

Comentários ....

....

....

....

Ficha n°.....

IDENTIDADE DO VINHO

Nome do vinho ....

Cuvée .... Safra ....

Apelação .... Região ....

Cepa ....

Tipo de vinho ☐ ☐ ☐ ☐ ☐ ☐

COMPRA

Lugar da compra .... Data da compra .... Preço por garrafa ....

Produtor ou negociante ....

Endereço ....

Telefone .... Fax .... e-mail ....

GESTÃO DO VINHO

Quantidade e saldo:

1	2	3	4	5	6	7	8	9	10	11	12	13	14	15	16	17	18	19	20	21	22	23	24

Posicionamento ....

Para beber a partir de ....

Apogeu ....

Para beber antes de ....

DEGUSTAÇÃO DO VINHO

DEGUSTAÇÃO DO............

Com quem ....

Com o que ....

Nota ....

Comentários ....

....

....

....

DEGUSTAÇÃO DO............

Com quem ....

Com o que ....

Nota ....

Comentários ....

....

....

....

Ficha n°.....

IDENTIDADE DO VINHO

Nome do vinho ....

Cuvée.. Safra ....

Apelação .... Região..

Cepa ....

Tipo de vinho

COMPRA

Lugar da compra .... Data da compra.................. Preço por garrafa ....

Produtor ou negociante ....

Endereço ....

Telefone .... Fax .... e-mail ....

GESTÃO DO VINHO

Quantidade e saldo:

1	2	3	4	5	6	7	8	9	10	11	12	13	14	15	16	17	18	19	20	21	22	23	24

Posicionamento..

Para beber a partir de ....

Apogeu ....

Para beber antes de ....

DEGUSTAÇÃO DO VINHO

DEGUSTAÇÃO DO............

Com quem ....

Com o que...

Nota...

Comentários ....

....

....

....

DEGUSTAÇÃO DO...........

Com quem ....

Com o que...

Nota...

Comentários ....

....

....

....

Ficha n°.....

IDENTIDADE DO VINHO

Nome do vinho ....

Cuvée .... Safra ....

Apelação .... Região ....

Cepa ....

Tipo de vinho ☐ ☐ ☐ ☐ ☐ ☐

COMPRA

Lugar da compra .... Data da compra.................. Preço por garrafa........................

Produtor ou negociante...

Endereço ....

Telefone .... Fax .... e-mail ....

GESTÃO DO VINHO

Quantidade e saldo:

1	2	3	4	5	6	7	8	9	10	11	12	13	14	15	16	17	18	19	20	21	22	23	24

Posicionamento ....

Para beber a partir de ....

Apogeu ....

Para beber antes de ....

DEGUSTAÇÃO DO VINHO

DEGUSTAÇÃO DO............

Com quem ....

Com o que..

Nota...

Comentários ....

....

....

....

DEGUSTAÇÃO DO............

Com quem ....

Com o que..

Nota...

Comentários ....

....

....

....

Ficha n°.....

IDENTIDADE DO VINHO

Nome do vinho ....

Cuvée.. Safra ....

Apelação .... Região...

Cepa ....

Tipo de vinho ☐ ☐ ☐ ☐ ☐ ☐

COMPRA

Lugar da compra .... Data da compra.................. Preço por garrafa........................

Produtor ou negociante ....

Endereço ....

Telefone .... Fax .... e-mail ....

GESTÃO DO VINHO

Quantidade e saldo:

1	2	3	4	5	6	7	8	9	10	11	12	13	14	15	16	17	18	19	20	21	22	23	24

Posicionamento...

Para beber a partir de ....

Apogeu ....

Para beber antes de ....

DEGUSTAÇÃO DO VINHO

DEGUSTAÇÃO DO...........

Com quem..

Com o que..

Nota...

Comentários ....

....

....

....

DEGUSTAÇÃO DO...........

Com quem..

Com o que..

Nota...

Comentários ....

....

....

....

Ficha n°.....

IDENTIDADE DO VINHO

Nome do vinho ....

Cuvée.. Safra ....

Apelação .... Região...

Cepa ....

Tipo de vinho ☐ ☐ ☐ ☐ ☐ ☐

COMPRA

Lugar da compra .... Data da compra.................. Preço por garrafa ....

Produtor ou negociante ....

Endereço ....

Telefone .... Fax .... e-mail ....

GESTÃO DO VINHO

Quantidade e saldo:

1	2	3	4	5	6	7	8	9	10	11	12	13	14	15	16	17	18	19	20	21	22	23	24

Posicionamento ....

Para beber a partir de ....

Apogeu ....

Para beber antes de ....

DEGUSTAÇÃO DO VINHO

DEGUSTAÇÃO DO............

Com quem ....

Com o que..

Nota...

Comentários ....

....

....

....

DEGUSTAÇÃO DO............

Com quem ....

Com o que..

Nota...

Comentários ....

....

....

....

Ficha n°.....

IDENTIDADE DO VINHO

Nome do vinho ....

Cuvée.. Safra ....

Apelação .... Região..

Cepa ....

Tipo de vinho

COMPRA

Lugar da compra .... Data da compra................. Preço por garrafa........................

Produtor ou negociante ....

Endereço ....

Telefone .... Fax .... e-mail ....

GESTÃO DO VINHO

Quantidade e saldo:

1	2	3	4	5	6	7	8	9	10	11	12	13	14	15	16	17	18	19	20	21	22	23	24

Posicionamento ....

Para beber a partir de ....

Apogeu ....

Para beber antes de ....

DEGUSTAÇÃO DO VINHO

DEGUSTAÇÃO DO............

Com quem ....

Com o que..

Nota...

Comentários ....

....

....

....

DEGUSTAÇÃO DO............

Com quem ....

Com o que..

Nota...

Comentários ....

....

....

....

Ficha n°.....

IDENTIDADE DO VINHO

Nome do vinho ....

Cuvée .... Safra ....

Apelação .... Região ....

Cepa ....

Tipo de vinho ☐ ☐ ☐ ☐ ☐ ☐

COMPRA

Lugar da compra .... Data da compra................ Preço por garrafa ....

Produtor ou negociante ....

Endereço ....

Telefone .... Fax .... e-mail ....

GESTÃO DO VINHO

Quantidade e saldo:

1	2	3	4	5	6	7	8	9	10	11	12	13	14	15	16	17	18	19	20	21	22	23	24

Posicionamento ....

Para beber a partir de ....

Apogeu ....

Para beber antes de ....

DEGUSTAÇÃO DO VINHO

DEGUSTAÇÃO DO...........

Com quem ....

Com o que ....

Nota ....

Comentários ....

....

....

....

DEGUSTAÇÃO DO...........

Com quem ....

Com o que ....

Nota ....

Comentários ....

....

....

....

Ficha n°.....

IDENTIDADE DO VINHO

Nome do vinho ....

Cuvée.. Safra ....

Apelação .... Região..

Cepa ....

Tipo de vinho ☐ ☐ ☐ ☐ ☐ ☐

COMPRA

Lugar da compra .... Data da compra................. Preço por garrafa ....

Produtor ou negociante...

Endereço ....

Telefone .... Fax .... e-mail ....

GESTÃO DO VINHO

Quantidade e saldo:

1	2	3	4	5	6	7	8	9	10	11	12	13	14	15	16	17	18	19	20	21	22	23	24

Posicionamento...

Para beber a partir de ....

Apogeu ....

Para beber antes de ....

DEGUSTAÇÃO DO VINHO

DEGUSTAÇÃO DO...........

Com quem...

Com o que...

Nota...

Comentários ....

....

....

....

DEGUSTAÇÃO DO...........

Com quem...

Com o que...

Nota...

Comentários ....

....

....

....

Ficha n°.....

IDENTIDADE DO VINHO

Nome do vinho ....

Cuvée .... Safra ....

Apelação .... Região ....

Cepa ....

Tipo de vinho ☐ ☐ ☐ ☐ ☐ ☐

COMPRA

Lugar da compra .... Data da compra .... Preço por garrafa ....

Produtor ou negociante ....

Endereço ....

Telefone .... Fax .... e-mail ....

GESTÃO DO VINHO

Quantidade e saldo:

1	2	3	4	5	6	7	8	9	10	11	12	13	14	15	16	17	18	19	20	21	22	23	24

Posicionamento ....

Para beber a partir de ....

Apogeu ....

Para beber antes de ....

DEGUSTAÇÃO DO VINHO

DEGUSTAÇÃO DO...........

Com quem ....

Com o que ....

Nota ....

Comentários ....

....

....

....

DEGUSTAÇÃO DO...........

Com quem ....

Com o que ....

Nota ....

Comentários ....

....

....

....

Ficha n°.....

IDENTIDADE DO VINHO

Nome do vinho ....

Cuvée.. Safra ....

Apelação .... Região..

Cepa ....

Tipo de vinho

COMPRA

Lugar da compra .... Data da compra.................. Preço por garrafa ....

Produtor ou negociante ....

Endereço ....

Telefone .... Fax .... e-mail ....

GESTÃO DO VINHO

Quantidade e saldo:

1	2	3	4	5	6	7	8	9	10	11	12	13	14	15	16	17	18	19	20	21	22	23	24

Posicionamento ....

Para beber a partir de ....

Apogeu ....

Para beber antes de ....

DEGUSTAÇÃO DO VINHO

DEGUSTAÇÃO DO............

Com quem ....

Com o que ....

Nota ....

Comentários ....

....

....

....

DEGUSTAÇÃO DO............

Com quem ....

Com o que ....

Nota ....

Comentários ....

....

....

....

Ficha n°.....

IDENTIDADE DO VINHO

Nome do vinho ....

Cuvée.................................... Safra ....

Apelação .... Região....................................

Cepa ....

Tipo de vinho

COMPRA

Lugar da compra .... Data da compra.............. Preço por garrafa ....

Produtor ou negociante..

Endereço ....

Telefone .... Fax .... e-mail ....

GESTÃO DO VINHO

Quantidade e saldo:

1	2	3	4	5	6	7	8	9	10	11	12	13	14	15	16	17	18	19	20	21	22	23	24

Posicionamento..

Para beber a partir de ....

Apogeu ....

Para beber antes de ....

DEGUSTAÇÃO DO VINHO

DEGUSTAÇÃO DO............

Com quem....................................

Com o que....................................

Nota....................................

Comentários ....

....

....

....

DEGUSTAÇÃO DO............

Com quem....................................

Com o que....................................

Nota....................................

Comentários ....

....

....

....

Ficha nº.....

IDENTIDADE DO VINHO

Nome do vinho ....

Cuvée.. Safra ....

Apelação .... Região...

Cepa ....

Tipo de vinho ☐ ☐ ☐ ☐ ☐ ☐

COMPRA

Lugar da compra .... Data da compra.................. Preço por garrafa.......................

Produtor ou negociante ....

Endereço ....

Telefone .... Fax .... e-mail ....

GESTÃO DO VINHO

Quantidade e saldo:

1	2	3	4	5	6	7	8	9	10	11	12	13	14	15	16	17	18	19	20	21	22	23	24

Posicionamento...

Para beber a partir de ....

Apogeu ....

Para beber antes de ....

DEGUSTAÇÃO DO VINHO

DEGUSTAÇÃO DO............

Com quem..

Com o que..

Nota..

Comentários ....

....

....

....

DEGUSTAÇÃO DO............

Com quem..

Com o que..

Nota..

Comentários ....

....

....

....

Ficha nº.....

IDENTIDADE DO VINHO

Nome do vinho ....

Cuvée.. Safra ....

Apelação .... Região...

Cepa ....

Tipo de vinho

COMPRA

Lugar da compra .... Data da compra.................. Preço por garrafa........................

Produtor ou negociante...

Endereço ....

Telefone .... Fax .... e-mail ....

GESTÃO DO VINHO

Quantidade e saldo:

1	2	3	4	5	6	7	8	9	10	11	12	13	14	15	16	17	18	19	20	21	22	23	24

Posicionamento...

Para beber a partir de ....

Apogeu ....

Para beber antes de ....

DEGUSTAÇÃO DO VINHO

DEGUSTAÇÃO DO............

Com quem...

Com o que...

Nota...

Comentários ....

....

....

....

DEGUSTAÇÃO DO............

Com quem...

Com o que...

Nota...

Comentários ....

....

....

....

Ficha n°.....

IDENTIDADE DO VINHO

Nome do vinho ....

Cuvée .... Safra ....

Apelação .... Região ....

Cepa ....

Tipo de vinho

COMPRA

Lugar da compra .... Data da compra .... Preço por garrafa ....

Produtor ou negociante ....

Endereço ....

Telefone .... Fax .... e-mail ....

GESTÃO DO VINHO

Quantidade e saldo:

1	2	3	4	5	6	7	8	9	10	11	12	13	14	15	16	17	18	19	20	21	22	23	24

Posicionamento ....

Para beber a partir de ....

Apogeu ....

Para beber antes de ....

DEGUSTAÇÃO DO VINHO

DEGUSTAÇÃO DO..........

Com quem ....

Com o que ....

Nota ....

Comentários ....

....

....

....

DEGUSTAÇÃO DO..........

Com quem ....

Com o que ....

Nota ....

Comentários ....

....

....

....

Ficha n°.....

IDENTIDADE DO VINHO

Nome do vinho ....

Cuvée.. Safra ....

Apelação .... Região..

Cepa ....

Tipo de vinho ☐ ☐ ☐ ☐ ☐ ☐

COMPRA

Lugar da compra .... Data da compra................. Preço por garrafa ....

Produtor ou negociante ....

Endereço ....

Telefone .... Fax .... e-mail ....

GESTÃO DO VINHO

Quantidade e saldo:

1	2	3	4	5	6	7	8	9	10	11	12	13	14	15	16	17	18	19	20	21	22	23	24

Posicionamento ....

Para beber a partir de ....

Apogeu ....

Para beber antes de ....

DEGUSTAÇÃO DO VINHO

DEGUSTAÇÃO DO............

Com quem...

Com o que...

Nota...

Comentários ....

....

....

....

DEGUSTAÇÃO DO............

Com quem...

Com o que...

Nota...

Comentários ....

....

....

....

Ficha nº.....

IDENTIDADE DO VINHO

Nome do vinho ....

Cuvée.. Safra ....

Apelação .... Região..

Cepa ....

Tipo de vinho ☐ ☐ ☐ ☐ ☐ ☐

COMPRA

Lugar da compra .... Data da compra.................. Preço por garrafa........................

Produtor ou negociante...

Endereço ....

Telefone .... Fax .... e-mail...

GESTÃO DO VINHO

Quantidade e saldo:

1	2	3	4	5	6	7	8	9	10	11	12	13	14	15	16	17	18	19	20	21	22	23	24

Posicionamento..

Para beber a partir de ....

Apogeu ....

Para beber antes de ....

DEGUSTAÇÃO DO VINHO

DEGUSTAÇÃO DO............

Com quem...

Com o que...

Nota...

Comentários ....

....

....

....

DEGUSTAÇÃO DO............

Com quem...

Com o que...

Nota...

Comentários ....

....

....

....

Ficha n°.....

IDENTIDADE DO VINHO

Nome do vinho ....

Cuvée... Safra ....

Apelação .... Região..

Cepa ....

Tipo de vinho ☐ ☐ ☐ ☐ ☐ ☐

COMPRA

Lugar da compra .... Data da compra................. Preço por garrafa......................

Produtor ou negociante...

Endereço ....

Telefone .... Fax .... e-mail ....

GESTÃO DO VINHO

Quantidade e saldo:

1	2	3	4	5	6	7	8	9	10	11	12	13	14	15	16	17	18	19	20	21	22	23	24

Posicionamento...

Para beber a partir de ....

Apogeu ....

Para beber antes de ....

DEGUSTAÇÃO DO VINHO

DEGUSTAÇÃO DO...........

Com quem...

Com o que...

Nota...

Comentários ....

....

....

....

DEGUSTAÇÃO DO...........

Com quem...

Com o que...

Nota...

Comentários ....

....

....

....

Ficha n°.....

IDENTIDADE DO VINHO

Nome do vinho ....

Cuvée.. Safra ....

Apelação .... Região...

Cepa ....

Tipo de vinho ☐ ☐ ☐ ☐ ☐ ☐

COMPRA

Lugar da compra .... Data da compra.................. Preço por garrafa........................

Produtor ou negociante..

Endereço ....

Telefone .... Fax .... e-mail...

GESTÃO DO VINHO

Quantidade e saldo:

1	2	3	4	5	6	7	8	9	10	11	12	13	14	15	16	17	18	19	20	21	22	23	24

Posicionamento..

Para beber a partir de ....

Apogeu ....

Para beber antes de ....

DEGUSTAÇÃO DO VINHO

DEGUSTAÇÃO DO...........

Com quem..

Com o que..

Nota..

Comentários ....

....

....

....

DEGUSTAÇÃO DO...........

Com quem..

Com o que..

Nota..

Comentários ....

....

....

....

Ficha nº.....

IDENTIDADE DO VINHO

Nome do vinho ....

Cuvée .... Safra ....

Apelação .... Região ....

Cepa ....

Tipo de vinho ☐ ☐ ☐ ☐ ☐ ☐

COMPRA

Lugar da compra .... Data da compra .... Preço por garrafa ....

Produtor ou negociante ....

Endereço ....

Telefone .... Fax .... e-mail ....

GESTÃO DO VINHO

Quantidade e saldo:

1	2	3	4	5	6	7	8	9	10	11	12	13	14	15	16	17	18	19	20	21	22	23	24

Posicionamento ....

Para beber a partir de ....

Apogeu ....

Para beber antes de ....

DEGUSTAÇÃO DO VINHO

DEGUSTAÇÃO DO............

Com quem ....

Com o que ....

Nota ....

Comentários ....

....

....

....

DEGUSTAÇÃO DO............

Com quem ....

Com o que ....

Nota ....

Comentários ....

....

....

....

Ficha n°.....

IDENTIDADE DO VINHO

Nome do vinho ....

Cuvée.. Safra ....

Apelação .... Região..

Cepa ....

Tipo de vinho ☐ ☐ ☐ ☐ ☐ ☐

COMPRA

Lugar da compra .... Data da compra................. Preço por garrafa ....

Produtor ou negociante...

Endereço ....

Telefone .... Fax .... e-mail...

GESTÃO DO VINHO

Quantidade e saldo:

1	2	3	4	5	6	7	8	9	10	11	12	13	14	15	16	17	18	19	20	21	22	23	24

Posicionamento...

Para beber a partir de ....

Apogeu ....

Para beber antes de ....

DEGUSTAÇÃO DO VINHO

DEGUSTAÇÃO DO...........

Com quem..

Com o que..

Nota...

Comentários ....

....

....

....

DEGUSTAÇÃO DO...........

Com quem..

Com o que..

Nota...

Comentários ....

....

....

....

Ficha nº.....

IDENTIDADE DO VINHO

Nome do vinho ....

Cuvée .... Safra ....

Apelação .... Região ....

Cepa ....

Tipo de vinho ☐ ☐ ☐ ☐ ☐ ☐

COMPRA

Lugar da compra .... Data da compra .... Preço por garrafa ....

Produtor ou negociante ....

Endereço ....

Telefone .... Fax .... e-mail ....

GESTÃO DO VINHO

Quantidade e saldo:

1	2	3	4	5	6	7	8	9	10	11	12	13	14	15	16	17	18	19	20	21	22	23	24

Posicionamento ....

Para beber a partir de ....

Apogeu ....

Para beber antes de ....

DEGUSTAÇÃO DO VINHO

DEGUSTAÇÃO DO............

Com quem ....

Com o que ....

Nota ....

Comentários ....

....

....

....

DEGUSTAÇÃO DO............

Com quem ....

Com o que ....

Nota ....

Comentários ....

....

....

....

Ficha n°.....

IDENTIDADE DO VINHO

Nome do vinho ....

Cuvée.. Safra ....

Apelação .... Região..

Cepa ....

Tipo de vinho ☐ ☐ ☐ ☐ ☐ ☐

COMPRA

Lugar da compra .... Data da compra................. Preço por garrafa ....

Produtor ou negociante...

Endereço ....

Telefone .... Fax .... e-mail..

GESTÃO DO VINHO

Quantidade e saldo:

1	2	3	4	5	6	7	8	9	10	11	12	13	14	15	16	17	18	19	20	21	22	23	24

Posicionamento...

Para beber a partir de ....

Apogeu ....

Para beber antes de ....

DEGUSTAÇÃO DO VINHO

DEGUSTAÇÃO DO...........

Com quem...

Com o que...

Nota..

Comentários ....

....

....

....

DEGUSTAÇÃO DO...........

Com quem...

Com o que...

Nota..

Comentários ....

....

....

....

Ficha n°.....

IDENTIDADE DO VINHO

Nome do vinho ....

Cuvée.. Safra ....

Apelação .... Região...

Cepa ....

Tipo de vinho ☐ ☐ ☐ ☐ ☐ ☐

COMPRA

Lugar da compra .... Data da compra.................. Preço por garrafa........................

Produtor ou negociante..

Endereço ....

Telefone .... Fax .... e-mail ....

GESTÃO DO VINHO

Quantidade e saldo:

1	2	3	4	5	6	7	8	9	10	11	12	13	14	15	16	17	18	19	20	21	22	23	24

Posicionamento..

Para beber a partir de ....

Apogeu ....

Para beber antes de ....

DEGUSTAÇÃO DO VINHO

DEGUSTAÇÃO DO...........

Com quem...

Com o que...

Nota...

Comentários ....

....

....

....

DEGUSTAÇÃO DO...........

Com quem...

Com o que...

Nota...

Comentários ....

....

....

....

Ficha n°.....

IDENTIDADE DO VINHO

Nome do vinho ....

Cuvée.................................... Safra ....

Apelação .... Região....................................

Cepa ....

Tipo de vinho

COMPRA

Lugar da compra .... Data da compra.............. Preço por garrafa..............

Produtor ou negociante..

Endereço ....

Telefone .... Fax .... e-mail......................

GESTÃO DO VINHO

Quantidade e saldo:

1	2	3	4	5	6	7	8	9	10	11	12	13	14	15	16	17	18	19	20	21	22	23	24

Posicionamento..

Para beber a partir de ....

Apogeu ....

Para beber antes de ....

DEGUSTAÇÃO DO VINHO

DEGUSTAÇÃO DO...........

Com quem..

Com o que..

Nota..

Comentários ....

....

....

....

DEGUSTAÇÃO DO...........

Com quem..

Com o que..

Nota..

Comentários ....

....

....

....

Ficha nº.....

IDENTIDADE DO VINHO

Nome do vinho ....

Cuvée.. Safra..

Apelação .... Região...

Cepa ....

Tipo de vinho ☐ ☐ ☐ ☐ ☐ ☐

COMPRA

Lugar da compra .... Data da compra.................. Preço por garrafa........................

Produtor ou negociante...

Endereço ....

Telefone .... Fax .... e-mail..

GESTÃO DO VINHO

Quantidade e saldo:

1	2	3	4	5	6	7	8	9	10	11	12	13	14	15	16	17	18	19	20	21	22	23	24

Posicionamento..

Para beber a partir de ....

Apogeu ....

Para beber antes de ....

DEGUSTAÇÃO DO VINHO

DEGUSTAÇÃO DO............

Com quem..

Com o que..

Nota..

Comentários ....

....

....

....

DEGUSTAÇÃO DO............

Com quem..

Com o que..

Nota..

Comentários ....

....

....

....

Ficha n°.....

IDENTIDADE DO VINHO

Nome do vinho ....

Cuvée.. Safra ....

Apelação .... Região...

Cepa ....

Tipo de vinho ☐ ☐ ☐ ☐ ☐ ☐

COMPRA

Lugar da compra .... Data da compra.................. Preço por garrafa ....

Produtor ou negociante...

Endereço ....

Telefone .... Fax .... e-mail..

GESTÃO DO VINHO

Quantidade e saldo:

1	2	3	4	5	6	7	8	9	10	11	12	13	14	15	16	17	18	19	20	21	22	23	24

Posicionamento...

Para beber a partir de ....

Apogeu ....

Para beber antes de ....

DEGUSTAÇÃO DO VINHO

DEGUSTAÇÃO DO............

Com quem..

Com o que..

Nota...

Comentários ....

....

....

....

DEGUSTAÇÃO DO............

Com quem..

Com o que..

Nota...

Comentários ....

....

....

....

Ficha n°.....

IDENTIDADE DO VINHO

Nome do vinho ....

Cuvée .... Safra ....

Apelação .... Região ....

Cepa ....

Tipo de vinho ☐ ☐ ☐ ☐ ☐ ☐

COMPRA

Lugar da compra .... Data da compra................. Preço por garrafa.......................

Produtor ou negociante..

Endereço ....

Telefone .... Fax .... e-mail ....

GESTÃO DO VINHO

Quantidade e saldo:

1	2	3	4	5	6	7	8	9	10	11	12	13	14	15	16	17	18	19	20	21	22	23	24

Posicionamento..

Para beber a partir de ....

Apogeu ....

Para beber antes de ....

DEGUSTAÇÃO DO VINHO

DEGUSTAÇÃO DO............

Com quem ....

Com o que..

Nota..

Comentários ....

....

....

....

DEGUSTAÇÃO DO............

Com quem ....

Com o que..

Nota..

Comentários ....

....

....

....

Ficha nº.....

IDENTIDADE DO VINHO

Nome do vinho ....

Cuvée.. Safra ....

Apelação .... Região...

Cepa ....

Tipo de vinho ☐ ☐ ☐ ☐ ☐ ☐

COMPRA

Lugar da compra .... Data da compra.................. Preço por garrafa ....

Produtor ou negociante ....

Endereço ....

Telefone .... Fax .... e-mail ....

GESTÃO DO VINHO

Quantidade e saldo:

1	2	3	4	5	6	7	8	9	10	11	12	13	14	15	16	17	18	19	20	21	22	23	24

Posicionamento ....

Para beber a partir de ....

Apogeu ....

Para beber antes de ....

DEGUSTAÇÃO DO VINHO

DEGUSTAÇÃO DO...........

Com quem...

Com o que...

Nota..

Comentários ....

....

....

....

DEGUSTAÇÃO DO...........

Com quem...

Com o que...

Nota..

Comentários ....

....

....

....

Ficha n°.....

IDENTIDADE DO VINHO

Nome do vinho ....

Cuvée.. Safra ....

Apelação .... Região..

Cepa ....

Tipo de vinho ☐ ☐ ☐ ☐ ☐ ☐

COMPRA

Lugar da compra .... Data da compra................. Preço por garrafa.......................

Produtor ou negociante..

Endereço ....

Telefone .... Fax .... e-mail.......................................

GESTÃO DO VINHO

Quantidade e saldo:

1	2	3	4	5	6	7	8	9	10	11	12	13	14	15	16	17	18	19	20	21	22	23	24

Posicionamento...

Para beber a partir de ....

Apogeu ....

Para beber antes de ....

DEGUSTAÇÃO DO VINHO

DEGUSTAÇÃO DO............

Com quem...

Com o que...

Nota...

Comentários ....

....

....

....

DEGUSTAÇÃO DO............

Com quem...

Com o que...

Nota...

Comentários ....

....

....

....

Ficha nº.....

IDENTIDADE DO VINHO

Nome do vinho ....

Cuvée.......... Safra ....

Apelação .... Região..........

Cepa ....

Tipo de vinho

COMPRA

Lugar da compra .... Data da compra.......... Preço por garrafa..........

Produtor ou negociante..........

Endereço ....

Telefone .... Fax .... e-mail..........

GESTÃO DO VINHO

Quantidade e saldo:

1	2	3	4	5	6	7	8	9	10	11	12	13	14	15	16	17	18	19	20	21	22	23	24

Posicionamento..........

Para beber a partir de ....

Apogeu ....

Para beber antes de ....

DEGUSTAÇÃO DO VINHO

DEGUSTAÇÃO DO..........

Com quem..........

Com o que..........

Nota..........

Comentários ....

....

....

....

DEGUSTAÇÃO DO..........

Com quem..........

Com o que..........

Nota..........

Comentários ....

....

....

....

Ficha n°.....

IDENTIDADE DO VINHO

Nome do vinho ....

Cuvée .... Safra ....

Apelação .... Região ....

Cepa ....

Tipo de vinho

COMPRA

Lugar da compra .... Data da compra .... Preço por garrafa ....

Produtor ou negociante ....

Endereço ....

Telefone .... Fax .... e-mail ....

GESTÃO DO VINHO

Quantidade e saldo:

1	2	3	4	5	6	7	8	9	10	11	12	13	14	15	16	17	18	19	20	21	22	23	24

Posicionamento ....

Para beber a partir de ....

Apogeu ....

Para beber antes de ....

DEGUSTAÇÃO DO VINHO

DEGUSTAÇÃO DO............

Com quem ....

Com o que ....

Nota ....

Comentários ....

....

....

....

DEGUSTAÇÃO DO............

Com quem ....

Com o que ....

Nota ....

Comentários ....

....

....

....

Ficha nº.....

IDENTIDADE DO VINHO

Nome do vinho ....

Cuvée... Safra ....

Apelação .... Região...

Cepa ....

Tipo de vinho ☐ ☐ ☐ ☐ ☐ ☐

COMPRA

Lugar da compra .... Data da compra................ Preço por garrafa......................

Produtor ou negociante...

Endereço ....

Telefone .... Fax .... e-mail ....

GESTÃO DO VINHO

Quantidade e saldo:

1	2	3	4	5	6	7	8	9	10	11	12	13	14	15	16	17	18	19	20	21	22	23	24

Posicionamento...

Para beber a partir de ....

Apogeu ....

Para beber antes de ....

DEGUSTAÇÃO DO VINHO

DEGUSTAÇÃO DO...........

Com quem ....

Com o que..

Nota...

Comentários ....

....

....

....

DEGUSTAÇÃO DO...........

Com quem ....

Com o que..

Nota...

Comentários ....

....

....

....

Ficha n°.....

IDENTIDADE DO VINHO

Nome do vinho ....

Cuvée.............................. Safra ....

Apelação .... Região.............................

Cepa ....

Tipo de vinho ☐ ☐ ☐ ☐ ☐ ☐

COMPRA

Lugar da compra .... Data da compra.................. Preço por garrafa....................

Produtor ou negociante...

Endereço ....

Telefone .... Fax .... e-mail ....

GESTÃO DO VINHO

Quantidade e saldo:

1	2	3	4	5	6	7	8	9	10	11	12	13	14	15	16	17	18	19	20	21	22	23	24

Posicionamento...

Para beber a partir de ....

Apogeu ....

Para beber antes de ....

DEGUSTAÇÃO DO VINHO

DEGUSTAÇÃO DO............

Com quem..

Com o que...

Nota..

Comentários ....

....

....

....

DEGUSTAÇÃO DO............

Com quem..

Com o que...

Nota..

Comentários ....

....

....

....

Ficha nº.....

IDENTIDADE DO VINHO

Nome do vinho ....

Cuvée .... Safra ....

Apelação .... Região ....

Cepa ....

Tipo de vinho

COMPRA

Lugar da compra .... Data da compra .... Preço por garrafa ....

Produtor ou negociante ....

Endereço ....

Telefone .... Fax .... e-mail ....

GESTÃO DO VINHO

Quantidade e saldo:

1	2	3	4	5	6	7	8	9	10	11	12	13	14	15	16	17	18	19	20	21	22	23	24

Posicionamento ....

Para beber a partir de ....

Apogeu ....

Para beber antes de ....

DEGUSTAÇÃO DO VINHO

DEGUSTAÇÃO DO...........

Com quem ....

Com o que ....

Nota ....

Comentários ....

....

....

....

DEGUSTAÇÃO DO...........

Com quem ....

Com o que ....

Nota ....

Comentários ....

....

....

....

Ficha n°.....

IDENTIDADE DO VINHO

Nome do vinho ....

Cuvée .... Safra ....

Apelação .... Região ....

Cepa ....

Tipo de vinho ☐ ☐ ☐ ☐ ☐ ☐

COMPRA

Lugar da compra .... Data da compra .... Preço por garrafa ....

Produtor ou negociante ....

Endereço ....

Telefone .... Fax .... e-mail ....

GESTÃO DO VINHO

Quantidade e saldo:

1	2	3	4	5	6	7	8	9	10	11	12	13	14	15	16	17	18	19	20	21	22	23	24

Posicionamento ....

Para beber a partir de ....

Apogeu ....

Para beber antes de ....

DEGUSTAÇÃO DO VINHO

DEGUSTAÇÃO DO...........

Com quem ....

Com o que ....

Nota ....

Comentários ....

....

....

....

DEGUSTAÇÃO DO...........

Com quem ....

Com o que ....

Nota ....

Comentários ....

....

....

....

Ficha nº.....

IDENTIDADE DO VINHO

Nome do vinho ....

Cuvée.. Safra ....

Apelação .... Região..

Cepa ....

Tipo de vinho ☐ ☐ ☐ ☐ ☐ ☐

COMPRA

Lugar da compra .... Data da compra............... Preço por garrafa.....................

Produtor ou negociante...

Endereço ....

Telefone .... Fax .... e-mail...................................

GESTÃO DO VINHO

Quantidade e saldo:

1	2	3	4	5	6	7	8	9	10	11	12	13	14	15	16	17	18	19	20	21	22	23	24

Posicionamento...

Para beber a partir de ....

Apogeu ....

Para beber antes de ....

DEGUSTAÇÃO DO VINHO

DEGUSTAÇÃO DO............

Com quem..

Com o que..

Nota...

Comentários ....

....

....

....

DEGUSTAÇÃO DO............

Com quem..

Com o que..

Nota...

Comentários ....

....

....

....

Ficha nº.....

IDENTIDADE DO VINHO

Nome do vinho ....

Cuvée.. Safra ....

Apelação .... Região..

Cepa ....

Tipo de vinho ☐ ☐ ☐ ☐ ☐ ☐

COMPRA

Lugar da compra .... Data da compra.............. Preço por garrafa..................

Produtor ou negociante ....

Endereço ....

Telefone .... Fax .... e-mail ....

GESTÃO DO VINHO

Quantidade e saldo:

1	2	3	4	5	6	7	8	9	10	11	12	13	14	15	16	17	18	19	20	21	22	23	24

Posicionamento ....

Para beber a partir de ....

Apogeu ....

Para beber antes de ....

DEGUSTAÇÃO DO VINHO

DEGUSTAÇÃO DO............

Com quem ....

Com o que...

Nota..

Comentários ....

....

....

....

DEGUSTAÇÃO DO............

Com quem ....

Com o que...

Nota..

Comentários ....

....

....

....

Ficha n°.....

IDENTIDADE DO VINHO

Nome do vinho ....

Cuvée .... Safra ....

Apelação .... Região ....

Cepa ....

Tipo de vinho ☐ ☐ ☐ ☐ ☐ ☐

COMPRA

Lugar da compra .... Data da compra .... Preço por garrafa ....

Produtor ou negociante ....

Endereço ....

Telefone .... Fax .... e-mail ....

GESTÃO DO VINHO

Quantidade e saldo:

1	2	3	4	5	6	7	8	9	10	11	12	13	14	15	16	17	18	19	20	21	22	23	24

Posicionamento ....

Para beber a partir de ....

Apogeu ....

Para beber antes de ....

DEGUSTAÇÃO DO VINHO

DEGUSTAÇÃO DO...........

Com quem ....

Com o que ....

Nota ....

Comentários ....

....

....

....

DEGUSTAÇÃO DO...........

Com quem ....

Com o que ....

Nota ....

Comentários ....

....

....

....

Ficha nº.....

IDENTIDADE DO VINHO

Nome do vinho ....

Cuvée.. Safra ....

Apelação .... Região..

Cepa ....

Tipo de vinho ☐ ☐ ☐ ☐ ☐ ☐

COMPRA

Lugar da compra .... Data da compra.................. Preço por garrafa........................

Produtor ou negociante..

Endereço ....

Telefone .... Fax .... e-mail..

GESTÃO DO VINHO

Quantidade e saldo:

1	2	3	4	5	6	7	8	9	10	11	12	13	14	15	16	17	18	19	20	21	22	23	24

Posicionamento..

Para beber a partir de ....

Apogeu ....

Para beber antes de ....

DEGUSTAÇÃO DO VINHO

DEGUSTAÇÃO DO...........

Com quem...

Com o que...

Nota..

Comentários ....

....

....

....

DEGUSTAÇÃO DO...........

Com quem...

Com o que...

Nota..

Comentários ....

....

....

....

Ficha n°.....

IDENTIDADE DO VINHO

Nome do vinho ....

Cuvée.. Safra ....

Apelação .... Região..

Cepa ....

Tipo de vinho

COMPRA

Lugar da compra .... Data da compra.................. Preço por garrafa........................

Produtor ou negociante ....

Endereço ....

Telefone .... Fax .... e-mail ....

GESTÃO DO VINHO

Quantidade e saldo:

1	2	3	4	5	6	7	8	9	10	11	12	13	14	15	16	17	18	19	20	21	22	23	24

Posicionamento ....

Para beber a partir de ....

Apogeu ....

Para beber antes de ....

DEGUSTAÇÃO DO VINHO

DEGUSTAÇÃO DO............

Com quem ....

Com o que..

Nota...

Comentários ....

....

....

....

DEGUSTAÇÃO DO............

Com quem ....

Com o que..

Nota...

Comentários ....

....

....

....

Ficha n°.....

IDENTIDADE DO VINHO

Nome do vinho ....

Cuvée .... Safra ....

Apelação .... Região ....

Cepa ....

Tipo de vinho ☐ ☐ ☐ ☐ ☐ ☐

COMPRA

Lugar da compra .... Data da compra................. Preço por garrafa......................

Produtor ou negociante ....

Endereço ....

Telefone .... Fax .... e-mail ....

GESTÃO DO VINHO

Quantidade e saldo:

1	2	3	4	5	6	7	8	9	10	11	12	13	14	15	16	17	18	19	20	21	22	23	24

Posicionamento ....

Para beber a partir de ....

Apogeu ....

Para beber antes de ....

DEGUSTAÇÃO DO VINHO

DEGUSTAÇÃO DO............

Com quem ....

Com o que ....

Nota...

Comentários ....

....

....

....

DEGUSTAÇÃO DO............

Com quem ....

Com o que ....

Nota...

Comentários ....

....

....

....

Ficha n°.....

IDENTIDADE DO VINHO

Nome do vinho ....

Cuvée.. Safra ....

Apelação .... Região..

Cepa ....

Tipo de vinho

COMPRA

Lugar da compra .... Data da compra.................. Preço por garrafa........................

Produtor ou negociante ....

Endereço ....

Telefone .... Fax .... e-mail ....

GESTÃO DO VINHO

Quantidade e saldo:

1	2	3	4	5	6	7	8	9	10	11	12	13	14	15	16	17	18	19	20	21	22	23	24

Posicionamento ....

Para beber a partir de ....

Apogeu ....

Para beber antes de ....

DEGUSTAÇÃO DO VINHO

DEGUSTAÇÃO DO............

Com quem ....

Com o que ....

Nota..

Comentários ....

....

....

....

DEGUSTAÇÃO DO............

Com quem ....

Com o que ....

Nota..

Comentários ....

....

....

....

Ficha n°.....

IDENTIDADE DO VINHO

Nome do vinho ....

Cuvée .... Safra ....

Apelação .... Região ....

Cepa ....

Tipo de vinho ☐ ☐ ☐ ☐ ☐ ☐

COMPRA

Lugar da compra .... Data da compra.................. Preço por garrafa......................

Produtor ou negociante ....

Endereço ....

Telefone .... Fax .... e-mail ....

GESTÃO DO VINHO

Quantidade e saldo:

1	2	3	4	5	6	7	8	9	10	11	12	13	14	15	16	17	18	19	20	21	22	23	24

Posicionamento ....

Para beber a partir de ....

Apogeu ....

Para beber antes de ....

DEGUSTAÇÃO DO VINHO

DEGUSTAÇÃO DO............

Com quem...

Com o que...

Nota...

Comentários ....

....

....

....

DEGUSTAÇÃO DO............

Com quem...

Com o que...

Nota...

Comentários ....

....

....

....

Ficha n°.....

IDENTIDADE DO VINHO

Nome do vinho ....

Cuvée.. Safra ....

Apelação .... Região..

Cepa ....

Tipo de vinho ☐ ☐ ☐ ☐ ☐ ☐

COMPRA

Lugar da compra .... Data da compra.................. Preço por garrafa.......................

Produtor ou negociante ....

Endereço ....

Telefone .... Fax .... e-mail ....

GESTÃO DO VINHO

Quantidade e saldo:

1	2	3	4	5	6	7	8	9	10	11	12	13	14	15	16	17	18	19	20	21	22	23	24

Posicionamento...

Para beber a partir de ....

Apogeu ....

Para beber antes de ....

DEGUSTAÇÃO DO VINHO

DEGUSTAÇÃO DO...........

Com quem...

Com o que...

Nota..

Comentários ....

....

....

....

DEGUSTAÇÃO DO...........

Com quem...

Com o que...

Nota..

Comentários ....

....

....

....

Ficha n°.....

IDENTIDADE DO VINHO

Nome do vinho ....

Cuvée.. Safra ....

Apelação .... Região...

Cepa...

Tipo de vinho ☐ ☐ ☐ ☐ ☐ ☐

COMPRA

Lugar da compra .... Data da compra.................. Preço por garrafa........................

Produtor ou negociante..

Endereço ....

Telefone .... Fax .... e-mail...

GESTÃO DO VINHO

Quantidade e saldo:

1	2	3	4	5	6	7	8	9	10	11	12	13	14	15	16	17	18	19	20	21	22	23	24

Posicionamento..

Para beber a partir de ....

Apogeu ....

Para beber antes de ....

DEGUSTAÇÃO DO VINHO

DEGUSTAÇÃO DO............

Com quem...

Com o que...

Nota...

Comentários ....

....

....

....

DEGUSTAÇÃO DO............

Com quem...

Com o que...

Nota...

Comentários ....

....

....

....

Ficha nº.....

IDENTIDADE DO VINHO

Nome do vinho ....

Cuvée .... Safra ....

Apelação .... Região ....

Cepa ....

Tipo de vinho ☐ ☐ ☐ ☐ ☐ ☐

COMPRA

Lugar da compra .... Data da compra .... Preço por garrafa ....

Produtor ou negociante ....

Endereço ....

Telefone .... Fax .... e-mail ....

GESTÃO DO VINHO

Quantidade e saldo:

1	2	3	4	5	6	7	8	9	10	11	12	13	14	15	16	17	18	19	20	21	22	23	24

Posicionamento ....

Para beber a partir de ....

Apogeu ....

Para beber antes de ....

DEGUSTAÇÃO DO VINHO

DEGUSTAÇÃO DO...........

Com quem ....

Com o que ....

Nota ....

Comentários ....

....

....

....

DEGUSTAÇÃO DO...........

Com quem ....

Com o que ....

Nota ....

Comentários ....

....

....

....

Ficha nº.....

IDENTIDADE DO VINHO

Nome do vinho ....

Cuvée.. Safra ....

Apelação .... Região..

Cepa ....

Tipo de vinho ☐ ☐ ☐ ☐ ☐ ☐

COMPRA

Lugar da compra .... Data da compra................ Preço por garrafa......................

Produtor ou negociante..

Endereço ....

Telefone .... Fax .... e-mail ....

GESTÃO DO VINHO

Quantidade e saldo:

1	2	3	4	5	6	7	8	9	10	11	12	13	14	15	16	17	18	19	20	21	22	23	24

Posicionamento..

Para beber a partir de ....

Apogeu ....

Para beber antes de ....

DEGUSTAÇÃO DO VINHO

DEGUSTAÇÃO DO............

Com quem..

Com o que..

Nota..

Comentários ....

....

....

....

DEGUSTAÇÃO DO...........

Com quem..

Com o que..

Nota..

Comentários ....

....

....

....

Ficha n°.....

IDENTIDADE DO VINHO

Nome do vinho ....

Cuvée.. Safra ....

Apelação .... Região..

Cepa ....

Tipo de vinho

COMPRA

Lugar da compra .... Data da compra................. Preço por garrafa........................

Produtor ou negociante...

Endereço ....

Telefone .... Fax .... e-mail ....

GESTÃO DO VINHO

Quantidade e saldo:

1	2	3	4	5	6	7	8	9	10	11	12	13	14	15	16	17	18	19	20	21	22	23	24

Posicionamento..

Para beber a partir de ....

Apogeu ....

Para beber antes de ....

DEGUSTAÇÃO DO VINHO

DEGUSTAÇÃO DO............

Com quem..

Com o que..

Nota...

Comentários ....

....

....

....

DEGUSTAÇÃO DO............

Com quem..

Com o que..

Nota...

Comentários ....

....

....

....

Ficha n°.....

IDENTIDADE DO VINHO

Nome do vinho ....

Cuvée .... Safra ....

Apelação .... Região ....

Cepa ....

Tipo de vinho

COMPRA

Lugar da compra .... Data da compra.................. Preço por garrafa ....

Produtor ou negociante ....

Endereço ....

Telefone .... Fax .... e-mail ....

GESTÃO DO VINHO

Quantidade e saldo:

1	2	3	4	5	6	7	8	9	10	11	12	13	14	15	16	17	18	19	20	21	22	23	24

Posicionamento ....

Para beber a partir de ....

Apogeu ....

Para beber antes de ....

DEGUSTAÇÃO DO VINHO

DEGUSTAÇÃO DO............

Com quem ....

Com o que ....

Nota ....

Comentários ....

....

....

....

DEGUSTAÇÃO DO............

Com quem ....

Com o que ....

Nota ....

Comentários ....

....

....

....

Ficha n°.....

IDENTIDADE DO VINHO

Nome do vinho ....

Cuvée.. Safra ....

Apelação .... Região...

Cepa ....

Tipo de vinho ☐ ☐ ☐ ☐ ☐ ☐

COMPRA

Lugar da compra .... Data da compra................. Preço por garrafa.......................

Produtor ou negociante..

Endereço ....

Telefone .... Fax .... e-mail ....

GESTÃO DO VINHO

Quantidade e saldo:

1	2	3	4	5	6	7	8	9	10	11	12	13	14	15	16	17	18	19	20	21	22	23	24

Posicionamento...

Para beber a partir de ....

Apogeu ....

Para beber antes de ....

DEGUSTAÇÃO DO VINHO

DEGUSTAÇÃO DO...........

Com quem..

Com o que..

Nota..

Comentários ....

....

....

....

DEGUSTAÇÃO DO...........

Com quem..

Com o que..

Nota..

Comentários ....

....

....

....

Ficha n°.....

IDENTIDADE DO VINHO

Nome do vinho ....

Cuvée .... Safra ....

Apelação .... Região ....

Cepa ....

Tipo de vinho ☐ ☐ ☐ ☐ ☐ ☐

COMPRA

Lugar da compra .... Data da compra.................. Preço por garrafa........................

Produtor ou negociante ....

Endereço ....

Telefone .... Fax .... e-mail ....

GESTÃO DO VINHO

Quantidade e saldo:

1	2	3	4	5	6	7	8	9	10	11	12	13	14	15	16	17	18	19	20	21	22	23	24

Posicionamento ....

Para beber a partir de ....

Apogeu ....

Para beber antes de ....

DEGUSTAÇÃO DO VINHO

DEGUSTAÇÃO DO............

Com quem ....

Com o que ....

Nota ....

Comentários ....

....

....

....

DEGUSTAÇÃO DO............

Com quem ....

Com o que ....

Nota ....

Comentários ....

....

....

....

Ficha n°.....

IDENTIDADE DO VINHO

Nome do vinho ....

Cuvée .... Safra ....

Apelação .... Região ....

Cepa ....

Tipo de vinho

COMPRA

Lugar da compra .... Data da compra .... Preço por garrafa ....

Produtor ou negociante ....

Endereço ....

Telefone .... Fax .... e-mail ....

GESTÃO DO VINHO

Quantidade e saldo:

1	2	3	4	5	6	7	8	9	10	11	12	13	14	15	16	17	18	19	20	21	22	23	24

Posicionamento ....

Para beber a partir de ....

Apogeu ....

Para beber antes de ....

DEGUSTAÇÃO DO VINHO

DEGUSTAÇÃO DO..........

Com quem ....

Com o que ....

Nota ....

Comentários ....

....

....

....

DEGUSTAÇÃO DO..........

Com quem ....

Com o que ....

Nota ....

Comentários ....

....

....

....

Ficha n°.....

IDENTIDADE DO VINHO

Nome do vinho ....

Cuvée .... Safra ....

Apelação .... Região ....

Cepa ....

Tipo de vinho ☐ ☐ ☐ ☐ ☐ ☐

COMPRA

Lugar da compra .... Data da compra .... Preço por garrafa ....

Produtor ou negociante ....

Endereço ....

Telefone .... Fax .... e-mail ....

GESTÃO DO VINHO

Quantidade e saldo:

1	2	3	4	5	6	7	8	9	10	11	12	13	14	15	16	17	18	19	20	21	22	23	24

Posicionamento ....

Para beber a partir de ....

Apogeu ....

Para beber antes de ....

DEGUSTAÇÃO DO VINHO

DEGUSTAÇÃO DO..........

Com quem ....

Com o que ....

Nota ....

Comentários ....

....

....

....

DEGUSTAÇÃO DO..........

Com quem ....

Com o que ....

Nota ....

Comentários ....

....

....

....

Ficha n°.....

IDENTIDADE DO VINHO

Nome do vinho ....

Cuvée .... Safra ....

Apelação .... Região ....

Cepa ....

Tipo de vinho ☐ ☐ ☐ ☐ ☐ ☐

COMPRA

Lugar da compra .... Data da compra .... Preço por garrafa ....

Produtor ou negociante ....

Endereço ....

Telefone .... Fax .... e-mail ....

GESTÃO DO VINHO

Quantidade e saldo:

1	2	3	4	5	6	7	8	9	10	11	12	13	14	15	16	17	18	19	20	21	22	23	24

Posicionamento ....

Para beber a partir de ....

Apogeu ....

Para beber antes de ....

DEGUSTAÇÃO DO VINHO

DEGUSTAÇÃO DO............

Com quem ....

Com o que ....

Nota ....

Comentários ....

....

....

....

DEGUSTAÇÃO DO............

Com quem ....

Com o que ....

Nota ....

Comentários ....

....

....

....

Ficha nº.....

IDENTIDADE DO VINHO

Nome do vinho ....

Cuvée .... Safra ....

Apelação .... Região ....

Cepa ....

Tipo de vinho ☐ ☐ ☐ ☐ ☐ ☐

COMPRA

Lugar da compra .... Data da compra .... Preço por garrafa ....

Produtor ou negociante ....

Endereço ....

Telefone .... Fax .... e-mail ....

GESTÃO DO VINHO

Quantidade e saldo:

1	2	3	4	5	6	7	8	9	10	11	12	13	14	15	16	17	18	19	20	21	22	23	24

Posicionamento ....

Para beber a partir de ....

Apogeu ....

Para beber antes de ....

DEGUSTAÇÃO DO VINHO

DEGUSTAÇÃO DO...........

Com quem ....

Com o que ....

Nota ....

Comentários ....

....

....

....

DEGUSTAÇÃO DO...........

Com quem ....

Com o que ....

Nota ....

Comentários ....

....

....

....

Ficha n°.....

IDENTIDADE DO VINHO

Nome do vinho ....

Cuvée.. Safra ....

Apelação .... Região..

Cepa ....

Tipo de vinho ☐ ☐ ☐ ☐ ☐ ☐

COMPRA

Lugar da compra .... Data da compra................. Preço por garrafa........................

Produtor ou negociante..

Endereço ....

Telefone .... Fax .... e-mail..

GESTÃO DO VINHO

Quantidade e saldo:

1	2	3	4	5	6	7	8	9	10	11	12	13	14	15	16	17	18	19	20	21	22	23	24

Posicionamento..

Para beber a partir de ....

Apogeu ....

Para beber antes de ....

DEGUSTAÇÃO DO VINHO

DEGUSTAÇÃO DO...........

Com quem..

Com o que..

Nota..

Comentários ....

....

....

....

DEGUSTAÇÃO DO...........

Com quem..

Com o que..

Nota..

Comentários ....

....

....

....

Ficha n°.....

IDENTIDADE DO VINHO

Nome do vinho ....
Cuvée .... Safra ....
Apelação .... Região ....
Cepa ....

Tipo de vinho ☐ ☐ ☐ ☐ ☐ ☐

COMPRA

Lugar da compra .... Data da compra................. Preço por garrafa ....
Produtor ou negociante ....
Endereço ....
Telefone .... Fax .... e-mail ....

GESTÃO DO VINHO

Quantidade e saldo:

1	2	3	4	5	6	7	8	9	10	11	12	13	14	15	16	17	18	19	20	21	22	23	24

Posicionamento ....
Para beber a partir de ....
Apogeu ....
Para beber antes de ....

DEGUSTAÇÃO DO VINHO

DEGUSTAÇÃO DO...........
Com quem ....
Com o que ....
Nota ....
Comentários ....
....
....
....

DEGUSTAÇÃO DO...........
Com quem ....
Com o que ....
Nota ....
Comentários ....
....
....
....

Ficha n°.....

IDENTIDADE DO VINHO

Nome do vinho ....

Cuvée.. Safra ....

Apelação .... Região..

Cepa ....

Tipo de vinho

COMPRA

Lugar da compra .... Data da compra.................. Preço por garrafa........................

Produtor ou negociante...

Endereço ....

Telefone .... Fax .... e-mail...

GESTÃO DO VINHO

Quantidade e saldo:

1	2	3	4	5	6	7	8	9	10	11	12	13	14	15	16	17	18	19	20	21	22	23	24

Posicionamento..

Para beber a partir de ....

Apogeu ....

Para beber antes de ....

DEGUSTAÇÃO DO VINHO

DEGUSTAÇÃO DO............

Com quem...

Com o que...

Nota..

Comentários ....

....

....

....

DEGUSTAÇÃO DO............

Com quem...

Com o que...

Nota..

Comentários ....

....

....

....

Ficha n°.....

IDENTIDADE DO VINHO

Nome do vinho ....

Cuvée .... Safra ....

Apelação .... Região ....

Cepa ....

Tipo de vinho

COMPRA

Lugar da compra .... Data da compra.................. Preço por garrafa........................

Produtor ou negociante..

Endereço ....

Telefone .... Fax .... e-mail ....

GESTÃO DO VINHO

Quantidade e saldo:

1	2	3	4	5	6	7	8	9	10	11	12	13	14	15	16	17	18	19	20	21	22	23	24

Posicionamento..

Para beber a partir de ....

Apogeu ....

Para beber antes de ....

DEGUSTAÇÃO DO VINHO

DEGUSTAÇÃO DO...........

Com quem...

Com o que...

Nota...

Comentários ....

....

....

....

DEGUSTAÇÃO DO...........

Com quem...

Com o que...

Nota...

Comentários ....

....

....

....

Ficha n°.....

IDENTIDADE DO VINHO

Nome do vinho ....

Cuvée... Safra ....

Apelação .... Região..

Cepa ....

Tipo de vinho ☐ ☐ ☐ ☐ ☐ ☐

COMPRA

Lugar da compra .... Data da compra.................. Preço por garrafa ....

Produtor ou negociante ....

Endereço ....

Telefone .... Fax .... e-mail ....

GESTÃO DO VINHO

Quantidade e saldo:

1	2	3	4	5	6	7	8	9	10	11	12	13	14	15	16	17	18	19	20	21	22	23	24

Posicionamento ....

Para beber a partir de ....

Apogeu ....

Para beber antes de ....

DEGUSTAÇÃO DO VINHO

DEGUSTAÇÃO DO............

Com quem ....

Com o que..

Nota...

Comentários ....

....

....

....

DEGUSTAÇÃO DO............

Com quem ....

Com o que..

Nota...

Comentários ....

....

....

....

Ficha n°.....

IDENTIDADE DO VINHO

Nome do vinho ....

Cuvée .... Safra ....

Apelação .... Região ....

Cepa ....

Tipo de vinho ☐ ☐ ☐ ☐ ☐ ☐

COMPRA

Lugar da compra .... Data da compra .... Preço por garrafa ....

Produtor ou negociante ....

Endereço ....

Telefone .... Fax .... e-mail ....

GESTÃO DO VINHO

Quantidade e saldo:

1	2	3	4	5	6	7	8	9	10	11	12	13	14	15	16	17	18	19	20	21	22	23	24

Posicionamento ....

Para beber a partir de ....

Apogeu ....

Para beber antes de ....

DEGUSTAÇÃO DO VINHO

DEGUSTAÇÃO DO............

Com quem ....

Com o que ....

Nota ....

Comentários ....

....

....

....

DEGUSTAÇÃO DO............

Com quem ....

Com o que ....

Nota ....

Comentários ....

....

....

....

Ficha nº.....

IDENTIDADE DO VINHO

Nome do vinho ....

Cuvée.. Safra ....

Apelação .... Região..

Cepa ....

Tipo de vinho ☐ ☐ ☐ ☐ ☐ ☐

COMPRA

Lugar da compra .... Data da compra................ Preço por garrafa.....................

Produtor ou negociante ....

Endereço ....

Telefone .... Fax .... e-mail..

GESTÃO DO VINHO

Quantidade e saldo:

1	2	3	4	5	6	7	8	9	10	11	12	13	14	15	16	17	18	19	20	21	22	23	24

Posicionamento ....

Para beber a partir de ....

Apogeu ....

Para beber antes de ....

DEGUSTAÇÃO DO VINHO

DEGUSTAÇÃO DO...........

Com quem..

Com o que..

Nota..

Comentários ....

....

....

....

DEGUSTAÇÃO DO...........

Com quem..

Com o que..

Nota..

Comentários ....

....

....

....

Ficha n°.....

IDENTIDADE DO VINHO

Nome do vinho ....

Cuvée .... Safra ....

Apelação .... Região ....

Cepa ....

Tipo de vinho ☐ ☐ ☐ ☐ ☐ ☐

COMPRA

Lugar da compra .... Data da compra .... Preço por garrafa ....

Produtor ou negociante ....

Endereço ....

Telefone .... Fax .... e-mail ....

GESTÃO DO VINHO

Quantidade e saldo:

1	2	3	4	5	6	7	8	9	10	11	12	13	14	15	16	17	18	19	20	21	22	23	24

Posicionamento ....

Para beber a partir de ....

Apogeu ....

Para beber antes de ....

DEGUSTAÇÃO DO VINHO

DEGUSTAÇÃO DO............

Com quem ....

Com o que ....

Nota ....

Comentários ....

....

....

....

DEGUSTAÇÃO DO............

Com quem ....

Com o que ....

Nota ....

Comentários ....

....

....

....

Ficha nº.....

IDENTIDADE DO VINHO

Nome do vinho ....

Cuvée.. Safra ....

Apelação .... Região...

Cepa ....

Tipo de vinho ☐ ☐ ☐ ☐ ☐ ☐

COMPRA

Lugar da compra .... Data da compra................. Preço por garrafa ....

Produtor ou negociante ....

Endereço ....

Telefone .... Fax .... e-mail ....

GESTÃO DO VINHO

Quantidade e saldo:

1	2	3	4	5	6	7	8	9	10	11	12	13	14	15	16	17	18	19	20	21	22	23	24

Posicionamento ....

Para beber a partir de ....

Apogeu ....

Para beber antes de ....

DEGUSTAÇÃO DO VINHO

DEGUSTAÇÃO DO............

Com quem...

Com o que...

Nota..

Comentários ....

....

....

....

DEGUSTAÇÃO DO............

Com quem...

Com o que...

Nota..

Comentários ....

....

....

....

Ficha n°.....

IDENTIDADE DO VINHO

Nome do vinho ....

Cuvée .... Safra ....

Apelação .... Região ....

Cepa ....

Tipo de vinho ☐ ☐ ☐ ☐ ☐ ☐

COMPRA

Lugar da compra .... Data da compra.................. Preço por garrafa ....

Produtor ou negociante ....

Endereço ....

Telefone .... Fax .... e-mail ....

GESTÃO DO VINHO

Quantidade e saldo:

1	2	3	4	5	6	7	8	9	10	11	12	13	14	15	16	17	18	19	20	21	22	23	24

Posicionamento ....

Para beber a partir de ....

Apogeu ....

Para beber antes de ....

DEGUSTAÇÃO DO VINHO

DEGUSTAÇÃO DO...........

Com quem ....

Com o que..

Nota..

Comentários ....

....

....

....

DEGUSTAÇÃO DO...........

Com quem ....

Com o que..

Nota..

Comentários ....

....

....

....

Ficha nº.....

IDENTIDADE DO VINHO

Nome do vinho ....

Cuvée.. Safra ....

Apelação .... Região...

Cepa ....

Tipo de vinho

COMPRA

Lugar da compra .... Data da compra.................. Preço por garrafa.......................

Produtor ou negociante...

Endereço ....

Telefone .... Fax .... e-mail..

GESTÃO DO VINHO

Quantidade e saldo:

1	2	3	4	5	6	7	8	9	10	11	12	13	14	15	16	17	18	19	20	21	22	23	24

Posicionamento...

Para beber a partir de ....

Apogeu ....

Para beber antes de ....

DEGUSTAÇÃO DO VINHO

DEGUSTAÇÃO DO...........

Com quem..

Com o que..

Nota...

Comentários ....

....

....

....

DEGUSTAÇÃO DO...........

Com quem..

Com o que..

Nota...

Comentários ....

....

....

....

Ficha n°.....

IDENTIDADE DO VINHO

Nome do vinho ....

Cuvée .... Safra ....

Apelação .... Região ....

Cepa ....

Tipo de vinho ☐ ☐ ☐ ☐ ☐ ☐

COMPRA

Lugar da compra .... Data da compra................ Preço por garrafa......................

Produtor ou negociante ....

Endereço ....

Telefone .... Fax .... e-mail ....

GESTÃO DO VINHO

Quantidade e saldo:

1	2	3	4	5	6	7	8	9	10	11	12	13	14	15	16	17	18	19	20	21	22	23	24

Posicionamento ....

Para beber a partir de ....

Apogeu ....

Para beber antes de ....

DEGUSTAÇÃO DO VINHO

DEGUSTAÇÃO DO...........

Com quem ....

Com o que ....

Nota ....

Comentários ....

....

....

....

DEGUSTAÇÃO DO...........

Com quem ....

Com o que ....

Nota ....

Comentários ....

....

....

....

Ficha nº.....

IDENTIDADE DO VINHO

Nome do vinho ....

Cuvée.. Safra ....

Apelação .... Região...

Cepa ....

Tipo de vinho

COMPRA

Lugar da compra .... Data da compra.................. Preço por garrafa ....

Produtor ou negociante..

Endereço ....

Telefone .... Fax .... e-mail ....

GESTÃO DO VINHO

Quantidade e saldo:

1	2	3	4	5	6	7	8	9	10	11	12	13	14	15	16	17	18	19	20	21	22	23	24

Posicionamento..

Para beber a partir de ....

Apogeu ....

Para beber antes de ....

DEGUSTAÇÃO DO VINHO

DEGUSTAÇÃO DO............

Com quem..

Com o que..

Nota...

Comentários ....

....

....

....

DEGUSTAÇÃO DO............

Com quem..

Com o que..

Nota...

Comentários ....

....

....

....

Ficha n°.....

IDENTIDADE DO VINHO

Nome do vinho ....

Cuvée.. Safra ....

Apelação .... Região..

Cepa ....

Tipo de vinho ☐ ☐ ☐ ☐ ☐ ☐

COMPRA

Lugar da compra .... Data da compra.................. Preço por garrafa ....

Produtor ou negociante..

Endereço ....

Telefone .... Fax .... e-mail ....

GESTÃO DO VINHO

Quantidade e saldo:

1	2	3	4	5	6	7	8	9	10	11	12	13	14	15	16	17	18	19	20	21	22	23	24

Posicionamento...

Para beber a partir de ....

Apogeu ....

Para beber antes de ....

DEGUSTAÇÃO DO VINHO

DEGUSTAÇÃO DO...........

Com quem..

Com o que..

Nota..

Comentários ....

....

....

....

DEGUSTAÇÃO DO...........

Com quem..

Com o que..

Nota..

Comentários ....

....

....

....

Ficha n°.....

IDENTIDADE DO VINHO

Nome do vinho ....

Cuvée .... Safra ....

Apelação .... Região ....

Cepa ....

Tipo de vinho ☐ ☐ ☐ ☐ ☐ ☐

COMPRA

Lugar da compra .... Data da compra .... Preço por garrafa ....

Produtor ou negociante ....

Endereço ....

Telefone .... Fax .... e-mail ....

GESTÃO DO VINHO

Quantidade e saldo:

1	2	3	4	5	6	7	8	9	10	11	12	13	14	15	16	17	18	19	20	21	22	23	24

Posicionamento ....

Para beber a partir de ....

Apogeu ....

Para beber antes de ....

DEGUSTAÇÃO DO VINHO

DEGUSTAÇÃO DO............

Com quem ....

Com o que ....

Nota ....

Comentários ....

....

....

....

DEGUSTAÇÃO DO............

Com quem ....

Com o que ....

Nota ....

Comentários ....

....

....

....

Ficha nº.....

IDENTIDADE DO VINHO

Nome do vinho ....

Cuvée .... Safra ....

Apelação .... Região ....

Cepa ....

Tipo de vinho

COMPRA

Lugar da compra .... Data da compra .... Preço por garrafa ....

Produtor ou negociante ....

Endereço ....

Telefone .... Fax .... e-mail ....

GESTÃO DO VINHO

Quantidade e saldo:

1	2	3	4	5	6	7	8	9	10	11	12	13	14	15	16	17	18	19	20	21	22	23	24

Posicionamento ....

Para beber a partir de ....

Apogeu ....

Para beber antes de ....

DEGUSTAÇÃO DO VINHO

DEGUSTAÇÃO DO............

Com quem ....

Com o que ....

Nota ....

Comentários ....

....

....

....

DEGUSTAÇÃO DO............

Com quem ....

Com o que ....

Nota ....

Comentários ....

....

....

....

Ficha n°.....

IDENTIDADE DO VINHO

Nome do vinho ....

Cuvée .... Safra ....

Apelação .... Região ....

Cepa ....

Tipo de vinho

COMPRA

Lugar da compra .... Data da compra .... Preço por garrafa ....

Produtor ou negociante ....

Endereço ....

Telefone .... Fax .... e-mail ....

GESTÃO DO VINHO

Quantidade e saldo:

1	2	3	4	5	6	7	8	9	10	11	12	13	14	15	16	17	18	19	20	21	22	23	24

Posicionamento ....

Para beber a partir de ....

Apogeu ....

Para beber antes de ....

DEGUSTAÇÃO DO VINHO

DEGUSTAÇÃO DO..........

Com quem ....

Com o que ....

Nota ....

Comentários ....

....

....

....

DEGUSTAÇÃO DO..........

Com quem ....

Com o que ....

Nota ....

Comentários ....

....

....

....

Ficha n°.....

IDENTIDADE DO VINHO

Nome do vinho ....

Cuvée .... Safra ....

Apelação .... Região ....

Cepa ....

Tipo de vinho ☐ ☐ ☐ ☐ ☐ ☐

COMPRA

Lugar da compra .... Data da compra .... Preço por garrafa ....

Produtor ou negociante ....

Endereço ....

Telefone .... Fax .... e-mail ....

GESTÃO DO VINHO

Quantidade e saldo:

1	2	3	4	5	6	7	8	9	10	11	12	13	14	15	16	17	18	19	20	21	22	23	24

Posicionamento ....

Para beber a partir de ....

Apogeu ....

Para beber antes de ....

DEGUSTAÇÃO DO VINHO

DEGUSTAÇÃO DO............

Com quem ....

Com o que ....

Nota ....

Comentários ....

....

....

....

DEGUSTAÇÃO DO............

Com quem ....

Com o que ....

Nota ....

Comentários ....

....

....

....

Ficha nº.....

IDENTIDADE DO VINHO

Nome do vinho ....

Cuvée.......... Safra ....

Apelação .... Região..........

Cepa ....

Tipo de vinho ☐ ☐ ☐ ☐ ☐ ☐

COMPRA

Lugar da compra .... Data da compra.......... Preço por garrafa ....

Produtor ou negociante..........

Endereço ....

Telefone .... Fax .... e-mail..........

GESTÃO DO VINHO

Quantidade e saldo:

1	2	3	4	5	6	7	8	9	10	11	12	13	14	15	16	17	18	19	20	21	22	23	24

Posicionamento..........

Para beber a partir de ....

Apogeu ....

Para beber antes de ....

DEGUSTAÇÃO DO VINHO

DEGUSTAÇÃO DO..........

Com quem..........

Com o que..........

Nota..........

Comentários ....

....

....

....

DEGUSTAÇÃO DO..........

Com quem..........

Com o que..........

Nota..........

Comentários ....

....

....

....

Ficha n°.....

IDENTIDADE DO VINHO

Nome do vinho ....

Cuvée .... Safra ....

Apelação .... Região ....

Cepa ....

Tipo de vinho ☐ ☐ ☐ ☐ ☐ ☐

COMPRA

Lugar da compra .... Data da compra.................. Preço por garrafa......................

Produtor ou negociante ....

Endereço ....

Telefone .... Fax .... e-mail ....

GESTÃO DO VINHO

Quantidade e saldo:

1	2	3	4	5	6	7	8	9	10	11	12	13	14	15	16	17	18	19	20	21	22	23	24

Posicionamento ....

Para beber a partir de ....

Apogeu ....

Para beber antes de ....

DEGUSTAÇÃO DO VINHO

DEGUSTAÇÃO DO............

Com quem...

Com o que...

Nota...

Comentários ....

....

....

....

DEGUSTAÇÃO DO............

Com quem...

Com o que...

Nota...

Comentários ....

....

....

....

Ficha n°.....

IDENTIDADE DO VINHO

Nome do vinho ....

Cuvée.......... Safra ....

Apelação .... Região..........

Cepa ....

Tipo de vinho

COMPRA

Lugar da compra .... Data da compra.......... Preço por garrafa ....

Produtor ou negociante..........

Endereço ....

Telefone .... Fax .... e-mail..........

GESTÃO DO VINHO

Quantidade e saldo:

1	2	3	4	5	6	7	8	9	10	11	12	13	14	15	16	17	18	19	20	21	22	23	24

Posicionamento..........

Para beber a partir de ....

Apogeu ....

Para beber antes de ....

DEGUSTAÇÃO DO VINHO

DEGUSTAÇÃO DO...........

Com quem..........

Com o que..........

Nota..........

Comentários ....

....

....

....

DEGUSTAÇÃO DO...........

Com quem..........

Com o que..........

Nota..........

Comentários ....

....

....

....

Ficha n°.....

IDENTIDADE DO VINHO

Nome do vinho ....
Cuvée.. Safra ....
Apelação .... Região..
Cepa ....

Tipo de vinho ☐ ☐ ☐ ☐ ☐ ☐

COMPRA

Lugar da compra .... Data da compra................ Preço por garrafa.....................
Produtor ou negociante..
Endereço ....
Telefone .... Fax .... e-mail ....

GESTÃO DO VINHO

Quantidade e saldo:

1	2	3	4	5	6	7	8	9	10	11	12	13	14	15	16	17	18	19	20	21	22	23	24

Posicionamento..
Para beber a partir de ....
Apogeu ....
Para beber antes de ....

DEGUSTAÇÃO DO VINHO

DEGUSTAÇÃO DO...........

Com quem..
Com o que..
Nota..
Comentários ....
....
....
....

DEGUSTAÇÃO DO...........

Com quem..
Com o que..
Nota..
Comentários ....
....
....
....

Ficha n°.....

IDENTIDADE DO VINHO

Nome do vinho ....

Cuvée.. Safra ....

Apelação .... Região...

Cepa ....

Tipo de vinho ☐ ☐ ☐ ☐ ☐ ☐

COMPRA

Lugar da compra .... Data da compra.................. Preço por garrafa ....

Produtor ou negociante...

Endereço ....

Telefone .... Fax .... e-mail...

GESTÃO DO VINHO

Quantidade e saldo:

1	2	3	4	5	6	7	8	9	10	11	12	13	14	15	16	17	18	19	20	21	22	23	24

Posicionamento...

Para beber a partir de ....

Apogeu ....

Para beber antes de ....

DEGUSTAÇÃO DO VINHO

DEGUSTAÇÃO DO............

Com quem...

Com o que...

Nota...

Comentários ....

....

....

....

DEGUSTAÇÃO DO............

Com quem...

Com o que...

Nota...

Comentários ....

....

....

....

Ficha n°.....

IDENTIDADE DO VINHO

Nome do vinho ....

Cuvée .... Safra ....

Apelação .... Região ....

Cepa ....

Tipo de vinho ☐ ☐ ☐ ☐ ☐ ☐

COMPRA

Lugar da compra .... Data da compra .... Preço por garrafa ....

Produtor ou negociante ....

Endereço ....

Telefone .... Fax .... e-mail ....

GESTÃO DO VINHO

Quantidade e saldo:

1	2	3	4	5	6	7	8	9	10	11	12	13	14	15	16	17	18	19	20	21	22	23	24

Posicionamento ....

Para beber a partir de ....

Apogeu ....

Para beber antes de ....

DEGUSTAÇÃO DO VINHO

DEGUSTAÇÃO DO..........

Com quem ....

Com o que ....

Nota ....

Comentários ....

....

....

....

DEGUSTAÇÃO DO..........

Com quem ....

Com o que ....

Nota ....

Comentários ....

....

....

....

Ficha n°.....

IDENTIDADE DO VINHO

Nome do vinho ....

Cuvée.. Safra ....

Apelação .... Região...

Cepa ....

Tipo de vinho

COMPRA

Lugar da compra .... Data da compra.................. Preço por garrafa........................

Produtor ou negociante...

Endereço ....

Telefone .... Fax .... e-mail..

GESTÃO DO VINHO

Quantidade e saldo:

1	2	3	4	5	6	7	8	9	10	11	12	13	14	15	16	17	18	19	20	21	22	23	24

Posicionamento...

Para beber a partir de ....

Apogeu ....

Para beber antes de ....

DEGUSTAÇÃO DO VINHO

DEGUSTAÇÃO DO...........

Com quem...

Com o que...

Nota...

Comentários ....

....

....

....

DEGUSTAÇÃO DO...........

Com quem...

Com o que...

Nota...

Comentários ....

....

....

....

Ficha n°.....

IDENTIDADE DO VINHO

Nome do vinho ....

Cuvée .... Safra ....

Apelação .... Região ....

Cepa ....

Tipo de vinho

COMPRA

Lugar da compra .... Data da compra .... Preço por garrafa ....

Produtor ou negociante ....

Endereço ....

Telefone .... Fax .... *e-mail* ....

GESTÃO DO VINHO

Quantidade e saldo:

1	2	3	4	5	6	7	8	9	10	11	12	13	14	15	16	17	18	19	20	21	22	23	24

Posicionamento ....

Para beber a partir de ....

Apogeu ....

Para beber antes de ....

DEGUSTAÇÃO DO VINHO

DEGUSTAÇÃO DO............

Com quem ....

Com o que ....

Nota ....

Comentários ....

....

....

....

DEGUSTAÇÃO DO............

Com quem ....

Com o que ....

Nota ....

Comentários ....

....

....

....

Ficha n°.....

IDENTIDADE DO VINHO

Nome do vinho ....

Cuvée.. Safra ....

Apelação .... Região...

Cepa ....

Tipo de vinho ☐ ☐ ☐ ☐ ☐ ☐

COMPRA

Lugar da compra .... Data da compra.................. Preço por garrafa ....

Produtor ou negociante..

Endereço ....

Telefone .... Fax .... e-mail ....

GESTÃO DO VINHO

Quantidade e saldo:

1	2	3	4	5	6	7	8	9	10	11	12	13	14	15	16	17	18	19	20	21	22	23	24

Posicionamento ....

Para beber a partir de ....

Apogeu ....

Para beber antes de ....

DEGUSTAÇÃO DO VINHO

DEGUSTAÇÃO DO............

Com quem ....

Com o que ....

Nota..

Comentários ....

....

....

....

DEGUSTAÇÃO DO............

Com quem ....

Com o que ....

Nota..

Comentários ....

....

....

....

Ficha n°.....

IDENTIDADE DO VINHO

Nome do vinho ....

Cuvée .... Safra ....

Apelação .... Região ....

Cepa ....

Tipo de vinho ☐ ☐ ☐ ☐ ☐ ☐

COMPRA

Lugar da compra .... Data da compra.................. Preço por garrafa........................

Produtor ou negociante ....

Endereço ....

Telefone .... Fax .... e-mail ....

GESTÃO DO VINHO

Quantidade e saldo:

1	2	3	4	5	6	7	8	9	10	11	12	13	14	15	16	17	18	19	20	21	22	23	24

Posicionamento ....

Para beber a partir de ....

Apogeu ....

Para beber antes de ....

DEGUSTAÇÃO DO VINHO

DEGUSTAÇÃO DO............

Com quem ....

Com o que ....

Nota ....

Comentários ....

....

....

....

DEGUSTAÇÃO DO............

Com quem ....

Com o que ....

Nota ....

Comentários ....

....

....

....

Ficha n°.....

IDENTIDADE DO VINHO

Nome do vinho ....

Cuvée.. Safra ....

Apelação .... Região...

Cepa ....

Tipo de vinho

COMPRA

Lugar da compra .... Data da compra................. Preço por garrafa ....

Produtor ou negociante...

Endereço ....

Telefone .... Fax .... e-mail ....

GESTÃO DO VINHO

Quantidade e saldo:

1	2	3	4	5	6	7	8	9	10	11	12	13	14	15	16	17	18	19	20	21	22	23	24

Posicionamento...

Para beber a partir de ....

Apogeu ....

Para beber antes de ....

DEGUSTAÇÃO DO VINHO

DEGUSTAÇÃO DO...........

Com quem...

Com o que...

Nota...

Comentários ....

....

....

....

DEGUSTAÇÃO DO...........

Com quem...

Com o que...

Nota...

Comentários ....

....

....

....

Ficha n°.....

IDENTIDADE DO VINHO

Nome do vinho ....

Cuvée.. Safra ....

Apelação .... Região...

Cepa ....

Tipo de vinho ☐ ☐ ☐ ☐ ☐ ☐

COMPRA

Lugar da compra .... Data da compra................. Preço por garrafa.......................

Produtor ou negociante ....

Endereço ....

Telefone .... Fax .... e-mail ....

GESTÃO DO VINHO

Quantidade e saldo:

1	2	3	4	5	6	7	8	9	10	11	12	13	14	15	16	17	18	19	20	21	22	23	24

Posicionamento..

Para beber a partir de ....

Apogeu ....

Para beber antes de ....

DEGUSTAÇÃO DO VINHO

DEGUSTAÇÃO DO...........

Com quem ....

Com o que..

Nota..

Comentários ....

....

....

....

DEGUSTAÇÃO DO...........

Com quem ....

Com o que..

Nota..

Comentários ....

....

....

....

Ficha n°.....

IDENTIDADE DO VINHO

Nome do vinho ....

Cuvée.............................. Safra ....

Apelação .... Região..............................

Cepa ....

Tipo de vinho

COMPRA

Lugar da compra .... Data da compra.................. Preço por garrafa..................

Produtor ou negociante..

Endereço ....

Telefone .... Fax .... e-mail..................

GESTÃO DO VINHO

Quantidade e saldo:

1	2	3	4	5	6	7	8	9	10	11	12	13	14	15	16	17	18	19	20	21	22	23	24

Posicionamento..

Para beber a partir de..

Apogeu ....

Para beber antes de ....

DEGUSTAÇÃO DO VINHO

DEGUSTAÇÃO DO...........

Com quem..............................

Com o que..............................

Nota..............................

Comentários ....

....

....

....

DEGUSTAÇÃO DO...........

Com quem..............................

Com o que..............................

Nota..............................

Comentários ....

....

....

....

Ficha nº.....

IDENTIDADE DO VINHO

Nome do vinho ....

Cuvée .... Safra ....

Apelação .... Região ....

Cepa ....

Tipo de vinho ☐ ☐ ☐ ☐ ☐ ☐

COMPRA

Lugar da compra .... Data da compra.................. Preço por garrafa ....

Produtor ou negociante ....

Endereço ....

Telefone .... Fax .... e-mail ....

GESTÃO DO VINHO

Quantidade e saldo:

1	2	3	4	5	6	7	8	9	10	11	12	13	14	15	16	17	18	19	20	21	22	23	24

Posicionamento ....

Para beber a partir de ....

Apogeu ....

Para beber antes de ....

DEGUSTAÇÃO DO VINHO

DEGUSTAÇÃO DO...........

Com quem ....

Com o que ....

Nota ....

Comentários ....

....

....

....

DEGUSTAÇÃO DO...........

Com quem ....

Com o que ....

Nota ....

Comentários ....

....

....

....

Ficha n°.....

IDENTIDADE DO VINHO

Nome do vinho ....

Cuvée .... Safra ....

Apelação .... Região ....

Cepa ....

Tipo de vinho ☐ ☐ ☐ ☐ ☐ ☐

COMPRA

Lugar da compra .... Data da compra .... Preço por garrafa ....

Produtor ou negociante ....

Endereço ....

Telefone .... Fax .... e-mail ....

GESTÃO DO VINHO

Quantidade e saldo:

1	2	3	4	5	6	7	8	9	10	11	12	13	14	15	16	17	18	19	20	21	22	23	24

Posicionamento ....

Para beber a partir de ....

Apogeu ....

Para beber antes de ....

DEGUSTAÇÃO DO VINHO

DEGUSTAÇÃO DO............

Com quem ....

Com o que ....

Nota ....

Comentários ....

....

....

....

DEGUSTAÇÃO DO............

Com quem ....

Com o que ....

Nota ....

Comentários ....

....

....

....

Ficha n°.....

IDENTIDADE DO VINHO

Nome do vinho ....

Cuvée.. Safra ....

Apelação .... Região..

Cepa ....

Tipo de vinho ☐ ☐ ☐ ☐ ☐ ☐

COMPRA

Lugar da compra .... Data da compra.................. Preço por garrafa.......................

Produtor ou negociante ....

Endereço ....

Telefone .... Fax .... e-mail ....

GESTÃO DO VINHO

Quantidade e saldo:

1	2	3	4	5	6	7	8	9	10	11	12	13	14	15	16	17	18	19	20	21	22	23	24

Posicionamento ....

Para beber a partir de ....

Apogeu ....

Para beber antes de ....

DEGUSTAÇÃO DO VINHO

DEGUSTAÇÃO DO............

Com quem ....

Com o que ....

Nota...

Comentários ....

....

....

....

DEGUSTAÇÃO DO............

Com quem ....

Com o que ....

Nota...

Comentários ....

....

....

....

Ficha nº.....

IDENTIDADE DO VINHO

Nome do vinho ....

Cuvée.......................... Safra ....

Apelação .... Região ....

Cepa ....

Tipo de vinho

COMPRA

Lugar da compra .... Data da compra.................. Preço por garrafa ....

Produtor ou negociante ....

Endereço ....

Telefone .... Fax .... e-mail ....

GESTÃO DO VINHO

Quantidade e saldo:

1	2	3	4	5	6	7	8	9	10	11	12	13	14	15	16	17	18	19	20	21	22	23	24

Posicionamento ....

Para beber a partir de ....

Apogeu ....

Para beber antes de ....

DEGUSTAÇÃO DO VINHO

DEGUSTAÇÃO DO............

Com quem ....

Com o que ....

Nota ....

Comentários ....

....

....

....

DEGUSTAÇÃO DO............

Com quem ....

Com o que ....

Nota ....

Comentários ....

....

....

....

Ficha n°.....

IDENTIDADE DO VINHO

Nome do vinho ....

Cuvée.. Safra ....

Apelação .... Região...

Cepa ....

Tipo de vinho ☐ ☐ ☐ ☐ ☐ ☐

COMPRA

Lugar da compra .... Data da compra.................. Preço por garrafa........................

Produtor ou negociante ....

Endereço ....

Telefone .... Fax .... e-mail ....

GESTÃO DO VINHO

Quantidade e saldo:

1	2	3	4	5	6	7	8	9	10	11	12	13	14	15	16	17	18	19	20	21	22	23	24

Posicionamento ....

Para beber a partir de ....

Apogeu ....

Para beber antes de ....

DEGUSTAÇÃO DO VINHO

DEGUSTAÇÃO DO............

Com quem..

Com o que..

Nota...

Comentários ....

....

....

....

DEGUSTAÇÃO DO............

Com quem..

Com o que..

Nota...

Comentários ....

....

....

....

Ficha n°.....

IDENTIDADE DO VINHO

Nome do vinho ....

Cuvée.. Safra ....

Apelação .... Região..

Cepa ....

Tipo de vinho ☐ ☐ ☐ ☐ ☐ ☐

COMPRA

Lugar da compra .... Data da compra.................. Preço por garrafa........................

Produtor ou negociante ....

Endereço ....

Telefone .... Fax .... e-mail ....

GESTÃO DO VINHO

Quantidade e saldo:

1	2	3	4	5	6	7	8	9	10	11	12	13	14	15	16	17	18	19	20	21	22	23	24

Posicionamento...

Para beber a partir de ....

Apogeu ....

Para beber antes de ....

DEGUSTAÇÃO DO VINHO

DEGUSTAÇÃO DO............

Com quem..

Com o que..

Nota...

Comentários ....

....

....

....

DEGUSTAÇÃO DO............

Com quem..

Com o que..

Nota...

Comentários ....

....

....

....

Ficha n°.....

IDENTIDADE DO VINHO

Nome do vinho ....

Cuvée.. Safra ....

Apelação .... Região..

Cepa ....

Tipo de vinho ☐ ☐ ☐ ☐ ☐ ☐

COMPRA

Lugar da compra .... Data da compra.................. Preço por garrafa.......................

Produtor ou negociante...

Endereço ....

Telefone .... Fax .... e-mail..

GESTÃO DO VINHO

Quantidade e saldo:

1	2	3	4	5	6	7	8	9	10	11	12	13	14	15	16	17	18	19	20	21	22	23	24

Posicionamento...

Para beber a partir de ....

Apogeu ....

Para beber antes de ....

DEGUSTAÇÃO DO VINHO

DEGUSTAÇÃO DO............

Com quem..

Com o que..

Nota..

Comentários ....

....

....

....

DEGUSTAÇÃO DO............

Com quem..

Com o que..

Nota..

Comentários ....

....

....

....

Ficha n°.....

IDENTIDADE DO VINHO

Nome do vinho ....

Cuvée.. Safra ....

Apelação .... Região...

Cepa ....

Tipo de vinho

COMPRA

Lugar da compra .... Data da compra................ Preço por garrafa ....

Produtor ou negociante...

Endereço ....

Telefone .... Fax .... e-mail ....

GESTÃO DO VINHO

Quantidade e saldo:

1	2	3	4	5	6	7	8	9	10	11	12	13	14	15	16	17	18	19	20	21	22	23	24

Posicionamento...

Para beber a partir de ....

Apogeu ....

Para beber antes de ....

DEGUSTAÇÃO DO VINHO

DEGUSTAÇÃO DO............

Com quem...

Com o que...

Nota...

Comentários ....

....

....

....

DEGUSTAÇÃO DO............

Com quem...

Com o que...

Nota...

Comentários ....

....

....

....

Ficha n°.....

IDENTIDADE DO VINHO

Nome do vinho ....

Cuvée .... Safra ....

Apelação .... Região ....

Cepa ....

Tipo de vinho ☐ ☐ ☐ ☐ ☐ ☐

COMPRA

Lugar da compra .... Data da compra .... Preço por garrafa ....

Produtor ou negociante ....

Endereço ....

Telefone .... Fax .... e-mail ....

GESTÃO DO VINHO

Quantidade e saldo:

1	2	3	4	5	6	7	8	9	10	11	12	13	14	15	16	17	18	19	20	21	22	23	24

Posicionamento ....

Para beber a partir de ....

Apogeu ....

Para beber antes de ....

DEGUSTAÇÃO DO VINHO

DEGUSTAÇÃO DO...........

Com quem ....

Com o que ....

Nota ....

Comentários ....

....

....

....

DEGUSTAÇÃO DO...........

Com quem ....

Com o que ....

Nota ....

Comentários ....

....

....

....

Ficha n°.....

IDENTIDADE DO VINHO

Nome do vinho ....

Cuvée.. Safra ....

Apelação .... Região..

Cepa ....

Tipo de vinho

COMPRA

Lugar da compra .... Data da compra.................. Preço por garrafa ....

Produtor ou negociante ....

Endereço ....

Telefone .... Fax .... e-mail ....

GESTÃO DO VINHO

Quantidade e saldo:

1	2	3	4	5	6	7	8	9	10	11	12	13	14	15	16	17	18	19	20	21	22	23	24

Posicionamento ....

Para beber a partir de ....

Apogeu ....

Para beber antes de ....

DEGUSTAÇÃO DO VINHO

DEGUSTAÇÃO DO...........

Com quem ....

Com o que ....

Nota..

Comentários ....

....

....

....

DEGUSTAÇÃO DO...........

Com quem ....

Com o que ....

Nota..

Comentários ....

....

....

....

Ficha nº.....

IDENTIDADE DO VINHO

Nome do vinho ....

Cuvée.. Safra ....

Apelação .... Região...

Cepa ....

Tipo de vinho ☐ ☐ ☐ ☐ ☐ ☐

COMPRA

Lugar da compra .... Data da compra.................. Preço por garrafa ....

Produtor ou negociante ....

Endereço ....

Telefone .... Fax .... e-mail ....

GESTÃO DO VINHO

Quantidade e saldo:

1	2	3	4	5	6	7	8	9	10	11	12	13	14	15	16	17	18	19	20	21	22	23	24

Posicionamento ....

Para beber a partir de ....

Apogeu ....

Para beber antes de ....

DEGUSTAÇÃO DO VINHO

DEGUSTAÇÃO DO............

Com quem..

Com o que...

Nota..

Comentários ....

....

....

....

DEGUSTAÇÃO DO............

Com quem..

Com o que...

Nota..

Comentários ....

....

....

....

Ficha nº.....

IDENTIDADE DO VINHO

Nome do vinho ....

Cuvée.. Safra ....

Apelação .... Região..

Cepa ....

Tipo de vinho ☐ ☐ ☐ ☐ ☐ ☐

COMPRA

Lugar da compra .... Data da compra................. Preço por garrafa ....

Produtor ou negociante ....

Endereço ....

Telefone .... Fax .... e-mail ....

GESTÃO DO VINHO

Quantidade e saldo:

1	2	3	4	5	6	7	8	9	10	11	12	13	14	15	16	17	18	19	20	21	22	23	24

Posicionamento ....

Para beber a partir de ....

Apogeu ....

Para beber antes de ....

DEGUSTAÇÃO DO VINHO

DEGUSTAÇÃO DO............

Com quem ....

Com o que ....

Nota..

Comentários ....

....

....

....

DEGUSTAÇÃO DO............

Com quem ....

Com o que ....

Nota..

Comentários ....

....

....

....

Ficha nº.....

IDENTIDADE DO VINHO

Nome do vinho ....

Cuvée.. Safra ....

Apelação .... Região...

Cepa ....

Tipo de vinho ☐ ☐ ☐ ☐ ☐ ☐

COMPRA

Lugar da compra .... Data da compra.................. Preço por garrafa........................

Produtor ou negociante..

Endereço ....

Telefone .... Fax .... e-mail...

GESTÃO DO VINHO

Quantidade e saldo:

1	2	3	4	5	6	7	8	9	10	11	12	13	14	15	16	17	18	19	20	21	22	23	24

Posicionamento...

Para beber a partir de ....

Apogeu ....

Para beber antes de ....

DEGUSTAÇÃO DO VINHO

DEGUSTAÇÃO DO...........

Com quem...

Com o que...

Nota..

Comentários ....

....

....

....

DEGUSTAÇÃO DO...........

Com quem...

Com o que...

Nota..

Comentários ....

....

....

....

Ficha n°.....

IDENTIDADE DO VINHO

Nome do vinho ....

Cuvée.. Safra ....

Apelação .... Região...

Cepa ....

Tipo de vinho ☐ ☐ ☐ ☐ ☐ ☐

COMPRA

Lugar da compra .... Data da compra.................. Preço por garrafa.......................

Produtor ou negociante ....

Endereço ....

Telefone .... Fax .... e-mail ....

GESTÃO DO VINHO

Quantidade e saldo:

1	2	3	4	5	6	7	8	9	10	11	12	13	14	15	16	17	18	19	20	21	22	23	24

Posicionamento...

Para beber a partir de ....

Apogeu ....

Para beber antes de ....

DEGUSTAÇÃO DO VINHO

DEGUSTAÇÃO DO...........

Com quem ....

Com o que..

Nota..

Comentários ....

....

....

....

DEGUSTAÇÃO DO...........

Com quem ....

Com o que..

Nota..

Comentários ....

....

....

....

Ficha nº.....

IDENTIDADE DO VINHO

Nome do vinho ....

Cuvée.. Safra ....

Apelação .... Região...

Cepa ....

Tipo de vinho ☐ ☐ ☐ ☐ ☐ ☐

COMPRA

Lugar da compra .... Data da compra.................. Preço por garrafa........................

Produtor ou negociante...

Endereço ....

Telefone .... Fax .... e-mail...

GESTÃO DO VINHO

Quantidade e saldo:

1	2	3	4	5	6	7	8	9	10	11	12	13	14	15	16	17	18	19	20	21	22	23	24

Posicionamento...

Para beber a partir de ....

Apogeu ....

Para beber antes de ....

DEGUSTAÇÃO DO VINHO

DEGUSTAÇÃO DO............

Com quem...

Com o que...

Nota...

Comentários ....

....

....

....

DEGUSTAÇÃO DO...........

Com quem...

Com o que...

Nota...

Comentários ....

....

....

....

Ficha n°.....

IDENTIDADE DO VINHO

Nome do vinho ....

Cuvée .... Safra ....

Apelação .... Região ....

Cepa ....

Tipo de vinho ☐ ☐ ☐ ☐ ☐ ☐

COMPRA

Lugar da compra .... Data da compra .... Preço por garrafa ....

Produtor ou negociante ....

Endereço ....

Telefone .... Fax .... e-mail ....

GESTÃO DO VINHO

Quantidade e saldo:

1	2	3	4	5	6	7	8	9	10	11	12	13	14	15	16	17	18	19	20	21	22	23	24

Posicionamento ....

Para beber a partir de ....

Apogeu ....

Para beber antes de ....

DEGUSTAÇÃO DO VINHO

DEGUSTAÇÃO DO............

Com quem ....

Com o que ....

Nota ....

Comentários ....

....

....

....

DEGUSTAÇÃO DO............

Com quem ....

Com o que ....

Nota ....

Comentários ....

....

....

....

Ficha n°.....

IDENTIDADE DO VINHO

Nome do vinho ....

Cuvée .... Safra ....

Apelação .... Região ....

Cepa ....

Tipo de vinho ☐ ☐ ☐ ☐ ☐ ☐

COMPRA

Lugar da compra .... Data da compra.................. Preço por garrafa ....

Produtor ou negociante ....

Endereço ....

Telefone .... Fax .... e-mail ....

GESTÃO DO VINHO

Quantidade e saldo:

1	2	3	4	5	6	7	8	9	10	11	12	13	14	15	16	17	18	19	20	21	22	23	24

Posicionamento ....

Para beber a partir de ....

Apogeu ....

Para beber antes de ....

DEGUSTAÇÃO DO VINHO

DEGUSTAÇÃO DO............

Com quem ....

Com o que ....

Nota ....

Comentários ....

....

....

....

DEGUSTAÇÃO DO............

Com quem ....

Com o que ....

Nota ....

Comentários ....

....

....

....

Ficha nº.....

IDENTIDADE DO VINHO

Nome do vinho ....

Cuvée .... Safra ....

Apelação .... Região ....

Cepa ....

Tipo de vinho

COMPRA

Lugar da compra .... Data da compra .... Preço por garrafa ....

Produtor ou negociante ....

Endereço ....

Telefone .... Fax .... e-mail ....

GESTÃO DO VINHO

Quantidade e saldo:

1	2	3	4	5	6	7	8	9	10	11	12	13	14	15	16	17	18	19	20	21	22	23	24

Posicionamento ....

Para beber a partir de ....

Apogeu ....

Para beber antes de ....

DEGUSTAÇÃO DO VINHO

DEGUSTAÇÃO DO............

Com quem ....

Com o que ....

Nota ....

Comentários ....

....

....

....

DEGUSTAÇÃO DO............

Com quem ....

Com o que ....

Nota ....

Comentários ....

....

....

....

ETIQUETAS DE ADEGA

Nome do vinho ....
Apelação ....
Safra ....
Para beber a partir de ....
Para beber antes de ....

Nome do vinho ....
Apelação ....
Safra ....
Para beber a partir de ....
Para beber antes de ....

Nome do vinho ....
Apelação ....
Safra ....
Para beber a partir de ....
Para beber antes de ....

Nome do vinho ....
Apelação ....
Safra ....
Para beber a partir de ....
Para beber antes de ....

Nome do vinho ....
Apelação ....
Safra ....
Para beber a partir de ....
Para beber antes de ....

Nome do vinho ....
Apelação ....
Safra ....
Para beber a partir de ....
Para beber antes de ....

Nome do vinho ....
Apelação ....
Safra ....
Para beber a partir de ....
Para beber antes de ....

Nome do vinho ....
Apelação ....
Safra ....
Para beber a partir de ....
Para beber antes de ....

Nome do vinho ....

Apelação ....

Safra ....

Para beber a partir de ....

Para beber antes de ....

Nome do vinho ....

Apelação ....

Safra ....

Para beber a partir de ....

Para beber antes de ....

Nome do vinho ....

Apelação ....

Safra ....

Para beber a partir de ....

Para beber antes de ....

Nome do vinho ....

Apelação ....

Safra ....

Para beber a partir de ....

Para beber antes de ....

Nome do vinho ....

Apelação ....

Safra ....

Para beber a partir de ....

Para beber antes de ....

Nome do vinho ....

Apelação ....

Safra ....

Para beber a partir de ....

Para beber antes de ....

Nome do vinho ....

Apelação ....

Safra ....

Para beber a partir de ....

Para beber antes de ....

Nome do vinho ....

Apelação ....

Safra ....

Para beber a partir de ....

Para beber antes de ....

Nome do vinho ....
Apelação ....
Safra ....
Para beber a partir de ....
Para beber antes de ....

Nome do vinho ....
Apelação ....
Safra ....
Para beber a partir de ....
Para beber antes de ....

Nome do vinho ....
Apelação ....
Safra ....
Para beber a partir de ....
Para beber antes de ....

Nome do vinho ....
Apelação ....
Safra ....
Para beber a partir de ....
Para beber antes de ....

Nome do vinho ....
Apelação ....
Safra ....
Para beber a partir de ....
Para beber antes de ....

Nome do vinho ....
Apelação ....
Safra ....
Para beber a partir de ....
Para beber antes de ....

Nome do vinho ....
Apelação ....
Safra ....
Para beber a partir de ....
Para beber antes de ....

Nome do vinho ....
Apelação ....
Safra ....
Para beber a partir de ....
Para beber antes de ....

Nome do vinho ....
Apelação ....
Safra ....
Para beber a partir de ....
Para beber antes de ....

Nome do vinho ....
Apelação ....
Safra ....
Para beber a partir de ....
Para beber antes de ....

Nome do vinho ....
Apelação ....
Safra ....
Para beber a partir de ....
Para beber antes de ....

Nome do vinho ....
Apelação ....
Safra ....
Para beber a partir de ....
Para beber antes de ....

Nom du vin ....
Appellation ....
Millésime ....
À boire à partir de ....
À boire avant ....

Nome do vinho ....
Apelação ....
Safra ....
Para beber a partir de ....
Para beber antes de ....

Nome do vinho ....
Apelação ....
Safra ....
Para beber a partir de ....
Para beber antes de ....

Nome do vinho ....
Apelação ....
Safra ....
Para beber a partir de ....
Para beber antes de ....

Nome do vinho ....
Apelação ....
Safra ....
Para beber a partir de ....
Para beber antes de ....

Nome do vinho ....
Apelação ....
Safra ....
Para beber a partir de ....
Para beber antes de ....

Nome do vinho ....
Apelação ....
Safra ....
Para beber a partir de ....
Para beber antes de ....

Nome do vinho ....
Apelação ....
Safra ....
Para beber a partir de ....
Para beber antes de ....

Nome do vinho ....
Apelação ....
Safra ....
Para beber a partir de ....
Para beber antes de ....

Nome do vinho ....
Apelação ....
Safra ....
Para beber a partir de ....
Para beber antes de ....

Nome do vinho ....
Apelação ....
Safra ....
Para beber a partir de ....
Para beber antes de ....

Nome do vinho ....
Apelação ....
Safra ....
Para beber a partir de ....
Para beber antes de ....

Nome do vinho ....
Apelação ....
Safra ....
Para beber a partir de ....
Para beber antes de ....

Nome do vinho ....
Apelação ....
Safra ....
Para beber a partir de ....
Para beber antes de ....

Nome do vinho ....
Apelação ....
Safra ....
Para beber a partir de ....
Para beber antes de ....

Nome do vinho ....
Apelação ....
Safra ....
Para beber a partir de ....
Para beber antes de ....

Nome do vinho ....
Apelação ....
Safra ....
Para beber a partir de ....
Para beber antes de ....

Nome do vinho ....
Apelação ....
Safra ....
Para beber a partir de ....
Para beber antes de ....

Nome do vinho ....
Apelação ....
Safra ....
Para beber a partir de ....
Para beber antes de ....

Nome do vinho ....
Apelação ....
Safra ....
Para beber a partir de ....
Para beber antes de ....

Nome do vinho ....

Apelação ....

Safra ....

Para beber a partir de ....

Para beber antes de ....

Nome do vinho ....

Apelação ....

Safra ....

Para beber a partir de ....

Para beber antes de ....

Nome do vinho ....

Apelação ....

Safra ....

Para beber a partir de ....

Para beber antes de ....

Nome do vinho ....

Apelação ....

Safra ....

Para beber a partir de ....

Para beber antes de ....

Nome do vinho ....

Apelação ....

Safra ....

Para beber a partir de ....

Para beber antes de ....

Nome do vinho ....

Apelação ....

Safra ....

Para beber a partir de ....

Para beber antes de ....

Nome do vinho ....

Apelação ....

Safra ....

Para beber a partir de ....

Para beber antes de ....

Nome do vinho ....

Apelação ....

Safra ....

Para beber a partir de ....

Para beber antes de ....

Nome do vinho ....

Apelação ....

Safra ....

Para beber a partir de ....

Para beber antes de ....

Nome do vinho ....

Apelação ....

Safra ....

Para beber a partir de ....

Para beber antes de ....

Nome do vinho ....

Apelação ....

Safra ....

Para beber a partir de ....

Para beber antes de ....

Nome do vinho ....

Apelação ....

Safra ....

Para beber a partir de ....

Para beber antes de ....

Nome do vinho ....

Apelação ....

Safra ....

Para beber a partir de ....

Para beber antes de ....

Nome do vinho ....

Apelação ....

Safra ....

Para beber a partir de ....

Para beber antes de ....

Nome do vinho ....

Apelação ....

Safra ....

Para beber a partir de ....

Para beber antes de ....

Nome do vinho ....

Apelação ....

Safra ....

Para beber a partir de ....

Para beber antes de ....

Nome do vinho ....

Apelação ....

Safra ....

Para beber a partir de ....

Para beber antes de ....

Nome do vinho ....

Apelação ....

Safra ....

Para beber a partir de ....

Para beber antes de ....

Nome do vinho ....

Apelação ....

Safra ....

Para beber a partir de ....

Para beber antes de ....

Nome do vinho ....

Apelação ....

Safra ....

Para beber a partir de ....

Para beber antes de ....

Nome do vinho ....

Apelação ....

Safra ....

Para beber a partir de ....

Para beber antes de ....

Nome do vinho ....

Apelação ....

Safra ....

Para beber a partir de ....

Para beber antes de ....

Nome do vinho ....

Apelação ....

Safra ....

Para beber a partir de ....

Para beber antes de ....

Nome do vinho ....

Apelação ....

Safra ....

Para beber a partir de ....

Para beber antes de ....

Nome do vinho ....
Apelação ....
Safra ....
Para beber a partir de ....
Para beber antes de ....

Nome do vinho ....
Apelação ....
Safra ....
Para beber a partir de ....
Para beber antes de ....

Nome do vinho ....
Apelação ....
Safra ....
Para beber a partir de ....
Para beber antes de ....

Nome do vinho ....
Apelação ....
Safra ....
Para beber a partir de ....
Para beber antes de ....

Nom du vin ....
Appellation ....
Millésime ....
À boire à partir de ....
À boire avant ....

Nome do vinho ....
Apelação ....
Safra ....
Para beber a partir de ....
Para beber antes de ....

Nome do vinho ....
Apelação ....
Safra ....
Para beber a partir de ....
Para beber antes de ....

Nome do vinho ....
Apelação ....
Safra ....
Para beber a partir de ....
Para beber antes de ....

Nome do vinho ....

Apelação ....

Safra ....

Para beber a partir de ....

Para beber antes de ....

Nome do vinho ....

Apelação ....

Safra ....

Para beber a partir de ....

Para beber antes de ....

Nome do vinho ....

Apelação ....

Safra ....

Para beber a partir de ....

Para beber antes de ....

Nome do vinho ....

Apelação ....

Safra ....

Para beber a partir de ....

Para beber antes de ....

Nome do vinho ....

Apelação ....

Safra ....

Para beber a partir de ....

Para beber antes de ....

Nome do vinho ....

Apelação ....

Safra ....

Para beber a partir de ....

Para beber antes de ....

Nome do vinho ....

Apelação ....

Safra ....

Para beber a partir de ....

Para beber antes de ....

Nome do vinho ....

Apelação ....

Safra ....

Para beber a partir de ....

Para beber antes de ....

Nome do vinho ....

Apelação ....

Safra ....

Para beber a partir de ....

Para beber antes de ....

Nome do vinho ....

Apelação ....

Safra ....

Para beber a partir de ....

Para beber antes de ....

Nome do vinho ....

Apelação ....

Safra ....

Para beber a partir de ....

Para beber antes de ....

Nome do vinho ....

Apelação ....

Safra ....

Para beber a partir de ....

Para beber antes de ....

Nome do vinho ....

Apelação ....

Safra ....

Para beber a partir de ....

Para beber antes de ....

Nome do vinho ....

Apelação ....

Safra ....

Para beber a partir de ....

Para beber antes de ....

Nome do vinho ....

Apelação ....

Safra ....

Para beber a partir de ....

Para beber antes de ....

Nome do vinho ....

Apelação ....

Safra ....

Para beber a partir de ....

Para beber antes de ....

CRÉDITOS FOTOGRAFIAS

P. 1: fundo de papel e gravuras © Arquivos Larousse; **p. 2:** foto Olivier Ploton © Arquivos Larousse; **p. 4:** no alto à esquerda foto © John Frumm/Hemis.fr, no alto à direita e embaixo foto Olivier Ploton © Arquivos Larousse, foto do quadro embaixo à esquerda e fundo de papel © Thinkstock; **p. 5:** foto e bloco de anotação Olivier Ploton © Arquivos Larousse; **p. 6:** foto do destaque, foto do quadro e fundo de papel © Thinkstock, no alto, clipe e embaixo foto Olivier Ploton © Arquivos Larousse; **p. 7:** no alto à esquerda, no centro e embaixo foto Olivier Ploton © Arquivos Larousse, foto do quadro embaixo e foto do destaque © Thinkstock; **p. 8:** foto © Owen Franken/Corbis; **pp. 8-9:** gravuras à esquerda © Arquivos Larousse; **p. 10:** no alto e embaixo foto Olivier Ploton © Arquivos Larousse, fundo de papel © Arquivos Larousse, foto do quadro com cantoneiras © Thinkstock e embaixo foto © Ryman Cabannes/Photocuisine/Corbis; **p. 11:** fundo de papel © CGTextures, foto do quadro © Thinkstock, etiqueta, clipe e foto Olivier Ploton © Arquivos Larousse; **p. 12:** no alto à esquerda e à direita foto Olivier Ploton © Arquivos Larousse, foto © Hemera Technologies/Thinkstock; **p. 13:** à esquerda e à direita foto Olivier Ploton © Arquivos Larousse, fundo de papel © Thinkstock, gravura © Arquivos Larousse; **p. 14:** foto © F. Cateloy/Age Fotostock; **p. 15:** fundo de couro © CGTextures, foto do quadro no alto à direita © Thinkstock, no alto à esquerda, clipe (Château d'Yquem) e embaixo (La Romanée-Conti) foto Olivier Ploton © Arquivos Larousse; **p. 16:** no alto à esquerda foto © Hulton Archive/Getty Images, rótulos no destaque © Zeldona@mellowmint@livejournal, centro à direita e embaixo foto Olivier Ploton © Arquivos Larousse; **p. 17:** foto do quadro no alto à esquerda © Thinkstock, foto Olivier Ploton © Arquivos Larousse, fundo do livro no alto à direita © Zeldona@mellowmint@livejournal; **p. 18:** no alto (Cave de Tolbiac, Paris), embaixo (Château Lascombes) foto Olivier Ploton © Arquivos Larousse, foto do quadro embaixo © Thinkstock; **p. 19:** à esquerda (Château Latour), painel, clipe e à direita (La Romanée-Conti) foto Olivier Ploton © Arquivos Larousse, fundo de papel do destaque © Thinkstock e fundo de papel à direita © Zeldona@mellowmint@livejournal; **p. 20:** no alto à esquerda foto com cantoneiras © Thinkstock, foto © J. L. Barde/Scope, fundo de papel © Thinkstock, clipe e à direita foto Olivier Ploton © Arquivos Larousse; **p. 21:** fundo de papel © CGTextures, livro no alto e foto do quadro © Thinkstock, foto © Masterfile-Royalty Free; **p. 22:** à esquerda (Château d'Yquem foto Olivier Ploton © Arquivos Larousse), à direita foto © J. Guillard/Scope; **p. 23:** no alto à esquerda, centro e no alto à esquerda foto © Thinkstock, no alto à direita (Bouchard Père & Fils) e embaixo (Château Lascombes) foto Olivier Ploton © Arquivos Larousse, gravura no centro e fundo de couro © Arquivos Larousse, foto do quadro embaixo © Thinkstock; **p. 24:** foto © J.Guillard/Scope, fundo de caderno foto Olivier Ploton © Arquivos Larousse; **p. 25:** fundo de papel e gravura do destaque © Thinkstock, embaixo à esquerda (Bouchard Père & Fils) e à direita Olivier Ploton © Arquivos Larousse; **p. 26:** livro e bloco de anotação © Thinkstock, foto (Cave de Tolbiac, Paris) Olivier Ploton © Arquivos Larousse; **p. 27:** destaque da capa do livreto, etiqueta e fundo de papel no miolo © Thinkstock, gravuras © Arquivos Larousse, p. 3 do livreto foto Olivier Ploton © Arquivos Larousse, p. 4 foto J. Guillard/Scope, p. 6 foto Olivier Ploton © Arquivos Larousse e p. 7 foto © J. L. Barbe/Scope; **p. 28:** foto do quadro © Thinkstock, à esquerda foto Olivier Ploton © Arquivos Larousse, à direita Jean-François Mallet © Arquivos Larousse; **p. 29:** fundo de papel CGTextures, foto do quadro com cantoneiras © Thinkstock, foto © Mallet/Photocuisine/Corbis; **pp. 30-31:** fundos de papel e gravuras © Arquivos Larousse, clipes foto (Maison Krug) Olivier Ploton © Arquivos Larousse, percevejos © Thinkstock; **p. 32:** foto © Comstock images/Thinkstock, papel rasgado © Thinkstock; p. 33: foto no quadro com cantoneiras © Thinkstock, foto © David Japy; **p. 34:** no alto e embaixo foto Olivier Ploton © Arquivos Larousse; **p. 35:** livro, fundo de papel e foto do quadro © Thinkstock, clipe no alto (Cave de Tolbiac, Paris) e embaixo (Bouchard Père & Fils) foto Olivier Ploton @ Arquivos Larousse, fundo de papel do destaque © Zeldona@mellowmint@livejournal e gravura © Arquivos Larousse; **pp. 36-37:** foto Olivier Ploton (Châtear de Pommard) © Arquivos Larousse; **p. 69:** foto Olivier Ploton (Bouchard & Fils) © Arquivos Larousse; **p. 70:** percevejo © Thinkstock; **p. 185:** foto Olivier Ploton (Bouchard & Fils) © Arquivos Larousse; **p. 186:** foto Olivier Ploton © Arquivos Larousse; **p. 200:** fundo de papel e percevejo © Thinkstock.

Pp. 38-44: Quadros Alain Boyer © Larousse
Pp. 30-31: Receitas de Jean-François Mallet

DIREÇÃO DA PUBLICAÇÃO:
Isabelle Jeuge-Maynart e Ghislaine Stora

DIREÇÃO EDITORIAL: Delphine Blétry

EDIÇÃO: Marion Pipart

DIREÇÃO DE ARTE: Emmanuel Chaspoul

CONCEPÇÃO DOS DESTAQUES:
Jacqueline Gensollen-Bloch

ICONOGRAFIA: Jacqueline Gensollen-Bloch e Valérie Perrin

CAPA: Véronique Laporte

TRADUÇÃO: Ana Maria Fiorini

ADMINISTRAÇÃO REGIONAL DO SENAC NO ESTADO DE SÃO PAULO

PRESIDENTE DO CONSELHO REGIONAL
Abram Szajman

DIRETOR DO DEPARTAMENTO REGIONAL
Luiz Francisco de A. Salgado

SUPERINTENDENTE UNIVERSITÁRIO E DE DESENVOLVIMENTO
Luiz Carlos Dourado

EDITORA SENAC SÃO PAULO
CONSELHO EDITORIAL
Luiz Francisco de A. Salgado
Luiz Carlos Dourado
Darcio Sayad Maia
Lucila Mara Sbrana Sciotti
Jeane Passos Santana

GERENTE/PUBLISHER
Jeane Passos Santana (jpassos@sp.senac.br)

COORDENAÇÃO EDITORIAL
Márcia Cavalheiro Rodrigues de Almeida (mcavalhe@sp.senac.br)
Thaís Carvalho Lisboa (thais.clisboa@sp.senac.br)

COMERCIAL
Marcelo Nogueira da Silva (marcelo.nsilva@sp.senac.br)

ADMINISTRATIVO
Luís Américo Tousi Botelho (luis.tbotelho@sp.senac.br)

EDIÇÃO DE TEXTO: Vanessa Rodrigues

REVISÃO TÉCNICA: Juliana Trombeta Reis

REVISÃO DE TEXTO: ASA Assessoria e Comunicação,
Ivone P. B. Groenitz (coord.)

EDITORAÇÃO ELETRÔNICA: Flávio Santana

DADOS INTERNACIONAIS DE CATALOGAÇÃO NA PUBLICAÇÃO
(Jeane Passos Santana – CRB 8ª/6189)

Livro da adega / tradução de Ana Maria Fiorini. – São Paulo : Editora Senac São Paulo, 2014.

Bibliografia.
ISBN 978-85-396-0456-2

1. Culinária (vinho) 2. Gastronomia – vinhos 3. Adega I. Título.

14-189u CDD-641.22

Índice para catálogo sistemático
1. Vinhos : Alimentos e bebidas 641.22

Todos os direitos desta edição reservados à
Editora Senac São Paulo
Rua Rui Barbosa, 377 – 1º andar – Bela Vista – CEP 01326-010
Caixa Postal 1120 – CEP 01032-970 – São Paulo – SP
Tel. (11) 2187-4450 – Fax (11) 2187-4486
E-mail: editora@sp.senac.br
Home page: http://www.editorasenacsp.com.br